JESUS
DE ACORDO COM O NOVO TESTAMENTO

Dados Internacionais de Catalogação na Publicação (CIP)
(Câmara Brasileira do Livro, SP, Brasil)

Dunn, James D. G.
  Jesus de acordo com o Novo Testamento / James G. Dunn ; tradução de Gentil Avelino Titton. – Petrópolis, RJ : Vozes, 2025.

  Título original: Jesus according to the New Testament.
  ISBN 978-85-326-7100-4

  1. Bíblia. N.T. – Evangelhos – Crítica e interpretação 2. Jesus Cristo I. Titton, Gentil Avelino. II. Título.

24-229471 CDD-232

Índices para catálogo sistemático:

1. Jesus Cristo : Cristologia 232

Eliete Marques da Silva – Bibliotecária – CRB-8/9380

JAMES D.G. DUNN

JESUS
DE ACORDO COM O NOVO TESTAMENTO

Tradução de Gentil Avelino Titton

EDITORA VOZES

Petrópolis

© 2019 James D. G. Dunn
Publicado em 2019 por Wm. B. Eerdmans Publishing Co.

Tradução do original em inglês intitulado *Jesus according to the New Testament*

Direitos de publicação em língua portuguesa – Brasil:
2025, Editora Vozes Ltda.
Rua Frei Luís, 100
25689-900 Petrópolis, RJ
www.vozes.com.br
Brasil

Todos os direitos reservados. Nenhuma parte desta obra poderá ser reproduzida ou transmitida por qualquer forma e/ou quaisquer meios (eletrônico ou mecânico, incluindo fotocópia e gravação) ou arquivada em qualquer sistema ou banco de dados sem permissão escrita da editora.

CONSELHO EDITORIAL

Diretor
Volney J. Berkenbrock

Editores
Aline dos Santos Carneiro
Edrian Josué Pasini
Marilac Loraine Oleniki
Welder Lancieri Marchini

Conselheiros
Elói Dionísio Piva
Francisco Morás
Gilberto Gonçalves Garcia
Ludovico Garmus
Teobaldo Heidemann

Secretário executivo
Leonardo A.R.T. dos Santos

PRODUÇÃO EDITORIAL

Aline L.R. de Barros
Jailson Scota
Marcelo Telles
Mirela de Oliveira
Natália França
Otaviano M. Cunha
Priscilla A.F. Alves
Rafael de Oliveira
Samuel Rezende
Vanessa Luz
Verônica M. Guedes

Editoração: Piero Kanaan
Diagramação: Victor Mauricio Bello
Revisão gráfica: Fernanda Guerriero Antunes
Capa: Isabella Carvalho

ISBN 978-85-326-7100-4 (Brasil)
ISBN 978-0-8028-7669-0 (Estados Unidos)

Este livro foi composto e impresso pela Editora Vozes Ltda.

*À Igreja de São Paulo, Chichester,
e à Diocese de Chichester.*

Sumário

Prólogo, 13
Prefácio, 17

1 | Jesus de acordo com Jesus, 21
  Lições aprendidas de Jesus, 22
    O mandamento do amor, 22
    Prioridade dos pobres, 23
    Pecadores bem-vindos, 25
    Abertura aos gentios, 26
    Mulheres entre seus seguidores próximos, 27
    Abertura às crianças, 29
    Abrandamento das leis alimentares, 29
    A Última Ceia ou Ceia do Senhor, 31
  Traços característicos do ministério de Jesus, 32
    O reino de Deus, 32
    Mestre, 34
    Ensino mediante parábolas, 35
    Exorcizando espíritos maus, 36
    Concentração na Galileia, 38
    Submissão à autoridade dos sumos sacerdotes, 39
  Autocompreensão de Jesus, 41
    Missão batismal de Jesus, 41
    "Eu vim" ou "Fui enviado", 42
    Messias/Cristo, 42
    Abba, 43
    Filho de Deus, 44
    O Filho do homem, 45
    Autoexpectativa de Jesus, 47

2 | Jesus de acordo com Marcos, Mateus e Lucas, 51
Marcos, 54
Narrativas da paixão com uma introdução, 55
O segredo messiânico, 56
A conclusão de Marcos, 58
Mateus, 59
Estrutura, 59
Cristologia, 60
O cumprimento da expectativa judaica, 61
Foco em Israel, 62
Reafirmação da Lei, 64
Lucas, 65
Ungido pelo Espírito, 65
Missão aos pecadores, 66
Boa nova para os gentios, 68
Oração frequente, 69
Jesus como Senhor, 70
Os perigos da riqueza e a preocupação com os pobres, 71
O papel das mulheres, 73

3 | Jesus de acordo com João, 77
Jesus é Messias, 79
Jesus é o Filho de Deus, 83
Jesus é a Palavra divina, 86
Jesus é a Sabedoria divina, 89
Outras ênfases características, 91
O novo mandamento, 91
Individualismo, 92
Culto em espírito e verdade, 92
Silêncios em João, 93
Silêncio de João sobre o batismo e a Ceia do Senhor, 94

4 | Jesus de acordo com os Atos, 99

Os sermões em Atos, 103

A fala de Pedro na manhã do dia de Pentecostes (At 2,14-36.9), 105

Discurso de Pedro a Cornélio (At 10,34-43), 107

Jesus de acordo com os sermões em Atos, 112

Ausência da tensão entre cumprimento e fim iminente, 115

Papel limitado do Jesus exaltado, 117

Deus como sujeito, 117

Outras ênfases da pregação da boa nova em Atos, 119

Apelo ao arrependimento e à fé, 119

Promessa de perdão, salvação ou o dom do Espírito, 120

5 | Jesus de acordo com Paulo
PARTE I, 123

Característica distintiva do Evangelho de Paulo, 125

Evangelho, 125

Paulo e a vida e o ministério de Jesus, 128

Cristo morreu por nossos pecados e ressuscitou ao terceiro dia, 132

Morte expiatória de Jesus, 132

Jesus ressuscitado dos mortos, 134

Com Cristo, 136

Justificação mediante a fé em Jesus, 138

Metáforas do sacrifício, 138

Metáforas do tribunal de justiça, 139

Fé e obras da Lei, 141

6 | Jesus de acordo com Paulo
PARTE 2, 145

Participação em Cristo, 145

Em Cristo/no Senhor, 145

Em Cristo, 148

Como Cristo, 150

O dom do Espírito, 151
O dom do Espírito como marca definidora, 151
O espírito de Cristo, 154
Primeira prestação e garantia, 155
Comunidade carismática, 156
Grandes expectativas, 157
A parusia e o juízo final, 157
A tensão entre já e ainda não, 159
Jesus como Senhor, 161
O Paulo posterior, 162

7 | Jesus de acordo com Hebreus, 169
Cristo como Sabedoria, 170
Filho de Deus, 173
Sacerdote segundo a ordem de Melquisedec, 176
O pioneiro e aperfeiçoador da fé, 181

8 | Jesus de acordo com Tiago, Pedro, João e Judas, 187
A carta de Tiago, 189
A (primeira) carta de Pedro, 194
1-3João, 199
Judas e 2Pedro, 204
Judas, 204
2Pedro, 205

9 | Jesus de acordo com o Apocalipse, 209
O Jesus exaltado, 210
As cartas às Igrejas, 214
O Cordeiro de Deus, 217

Pós-escrito
Jesus de acordo com..., 223

Apêndice 1
*Provável data e lugar de origem dos documentos do
Novo Testamento*, 225

Apêndice 2
Vida e missão de Paulo, 226

Referências, 227
Índice remissivo, 229
Índice da Escritura e de outros textos antigos, 233

Prólogo

Os leitores do Novo Testamento nas congregações cristãs (e também num público mais vasto) sentem hoje muito provavelmente certo grau de desnorteamento diante da variedade e complexidade do que foi escrito sobre o tema. Os que se aventuram um pouco na literatura erudita, bem como os que recolhem as últimas narrativas sensacionais na mídia acerca de evangelhos "perdidos" e histórias alternativas, podem, ao que parece, ecoar Maria Madalena: "Retiraram meu Senhor e não sei onde o puseram". O que sabemos – o que *podemos* saber – realmente acerca de Jesus? É o Novo Testamento apenas o depósito de um conjunto confuso de tradições inconfiáveis, reunidas sob a mão de ferro de uma autoridade eclesial tacanha?

O professor Dunn, um dos mais respeitados e prolíficos estudiosos bíblicos de nosso tempo, autor de uma longa série de estudos inovadores e abrangentes sobre o texto do Novo Testamento, começa este livro com uma pergunta simples, mas importantíssima. É realmente uma pergunta pautada pelo senso comum: O que ocorreu na vida – e de fato na mente – de Jesus para *possibilitar* quaisquer textos do Novo Testamento? Fazer essa pergunta não significa que tudo o que lemos no Novo Testamento seja um registro direto e franco dos acontecimentos ou que as ideias dos primeiros crentes nos são imediatamente acessíveis. Mas nos lembra que o movimento cujos escritos lemos nos evangelhos canônicos, nos Atos e nas cartas começou com a narrativa de uma figura histórica específica, cujas palavras e ações eram suficientemente diferentes da norma para atrair a atenção.

Como alguns outros estudiosos nos últimos anos, o Professor Dunn é cético acerca do ceticismo que prevaleceu numa parte considerável da discussão erudita. Se algumas coisas não eram verdadeiras acerca de Jesus, é simplesmente muito difícil ver como certos tipos de textos e de discursos surgiriam algum dia. Muitos autores realçaram que há aspectos dos relatos evangélicos que parecem ter sido preservados apesar de as primeiras Igrejas não os ter compreendido inteiramente – por exemplo, a descrição que Jesus faz de si mesmo como "Filho do homem" ou toda a maneira como ele é lembrado falando do reino de Deus. Se Jesus nunca disse uma palavra sobre como entendia a morte, a qual sabia estar correndo o risco de sofrer, seria difícil ver por que e como começou a linguagem muito compacta e complicada usada para interpretar o batismo e a Ceia do Senhor. E – ainda mais simples, um ponto bem salientado pelo Professor Dunn – Jesus foi lembrado como alguém que contava histórias de uma maneira que não se encontra em nenhuma outra figura do Novo Testamento, e que é rara entre seus contemporâneos judeus. As parábolas estão entre as coisas mais características nas tradições sobre Jesus e nos dizem algo acerca de sua compreensão – que ainda é radical – da relação entre o cotidiano e o sagrado.

O Novo Testamento é sedutor para os leitores porque seus textos são ao mesmo tempo surpreendentemente diferentes uns dos outros e surpreendentemente convergentes. Justamente essa mistura entre diferença e convergência é o que deveria deter-nos antes de aceitarmos a ideia em voga de que o que temos no Novo Testamento é uma espécie de seleção não representativa de escritos que, por acaso, se tornaram aceitáveis a prelados ditatoriais nos primeiros séculos. Com clareza exemplar e perspicácia erudita discreta, o professor Dunn registra tanto as continuidades entre esses textos diversos e as comunidades que os utilizaram quanto as descontinuidades, tanto as ênfases locais quanto as novas idiossincrasias, às vezes controversas da história, que ocorreram em alguns ambientes. Muitos leitores julgarão libertador perceber que acreditar na consistência do Novo Testamento não é a mesma coisa que supor que cada autor diz a mesma coisa. Desde o início, o que acontece na e em torno da figura de Jesus é experimentado como demasiado imenso para ser comunicado numa narrativa, visto de uma única perspectiva; como já diz eloquentemente o final do Evangelho de João: o mundo não poderia conter tudo o que seria necessário dizer.

Por isso, esse levantamento sobre o que a história da narrativa de Jesus significou nas primeiras gerações cristãs se torna um poderoso testemunho teológico para o padrão do mistério revelado nesses acontecimentos. Este é um livro que alimentará a fé que não é acrítica, mas que está também sempre voltada constantemente para trás, isto é, para a maravilha das primeiras testemunhas. À medida que tornamos nossa essa maravilha é que nossa fé cresce e se aprofunda. O Professor Dunn nos ajuda nesse enriquecimento da alegria, da confiança e da gratidão.

Rowan Williams

Prefácio

A Diocese de Chichester, na Costa Sul da Inglaterra, lançou há alguns anos uma tradição esplêndida. Começou com a intenção de preparar a diocese para o evangelho do ano – primeiro Mateus, depois Marcos e em seguida Lucas. Um tanto estranhamente, pensei, João nunca foi o evangelho do ano. Por isso, em Chichester rompemos com essa tradição depois do terceiro ano, e nos voltamos primeiro para João e, em seguida, para Paulo.

Em 2015 fui convidado para lecionar em Cantuária e veio-me a feliz ideia de que eu poderia adaptar minhas preleções de Chichester para Cantuária. O ponto focal óbvio foi, evidentemente, Jesus – consistindo o desafio em esboçar as diferentes maneiras como Jesus foi apresentado pelos autores dos Evangelhos. Com apenas três vagas de leitura para trabalhar, e sendo os três Evangelhos (Mateus, Marcos e Lucas) tão semelhantes, fazia sentido tomá-los em conjunto, quando seus traços característicos podiam ser salientados por acurada comparação. João era suficientemente característico em si para ser considerado de forma separada. Isso deixou livre uma terceira vaga. E o que poderia ser melhor do que começar enfocando o que podemos saber dos relatos, memórias e tradições de Jesus e seu ministério por trás dos Evangelhos?

E assim surgiu uma sequência: Jesus de acordo com... Primeiramente, "Jesus de acordo com Jesus", em seguida "Jesus de acordo com Marcos, Mateus e Lucas" e, por fim, "Jesus de acordo com João". Essas preleções pareciam funcionar bem, enfocando mais agudamente os traços característicos em cada caso, indicando como Jesus foi lembrado e como seu significado foi celebrado de maneiras diferentes.

Depois surgiu a ideia: Por que não continuar a sequência, realçando os diferentes impactos causados por Jesus e o papel central que ele desempenhou nos escritos que constituem o Novo Testamento? E, dessa forma, surgiu "Jesus de acordo com Atos", "Jesus de acordo com Paulo" e assim por diante. Alguma introdução era necessária em cada caso. Mas as antigas questões introdutórias que iniciam comentários particulares sobre o Novo Testamento (quem escreveu o quê, quando e onde?) pareciam ser na maior parte desnecessárias. Afinal de contas, elas geralmente não afetam muito o que aprendemos a partir dos próprios escritos, porém auxiliam a situá-los em seu contexto histórico e, assim, nos ajudam também a entendê-los melhor – sobretudo quando a situação histórica contribui para explicar aspectos do texto que de outro modo poderíamos interpretar mal. Por isso acrescentei, no final, uma indicação sobre donde supostamente provêm os escritos e quando foram compostos (Apêndice 1). O fato de haver incerteza em muitos casos não deveria depreciar o reconhecimento de que os documentos foram escritos em determinados tempos e para servir a determinadas necessidades. São indicados também a provável cronologia e o contexto histórico da missão e dos escritos de Paulo (Apêndice 2), já que ele é o principal colaborador do Novo Testamento e porque temos uma ideia mais completa acerca de sua missão e de seus escritos do que acerca de qualquer outro autor do Novo Testamento.

E depois ocorreu a ideia adicional: Por que não continuar no mesmo caminho? A história de Jesus e as reações a ele certamente não cessam com o fim do Novo Testamento.

Mas avançar para o século II e além – com capítulos como: "Jesus de acordo com Inácio", "Jesus de acordo com Agostinho", "Jesus de acordo com Lutero" – ampliaria o projeto em dois ou mais volumes. E eu precisaria admitir que me falta o conhecimento acerca desses autores históricos sobre Jesus para tratá-los apropriadamente. E me perguntei também acerca de um capítulo final, com contribuições de amigos de nossa Igreja local, acrescentando seus breves testemunhos, inclusive meu próprio testemunho, "Jesus de acordo comigo". Mas encaixar nossas breves seções ao lado desses autores do Novo Testamento começou a parecer-me um tanto jactancioso. Por isso também deixei essa ideia escapulir, não sem remorsos.

No entanto, se este volume tem algum apelo, não há motivo para não se seguirem outros volumes, com outro mais bem equipado do que eu para haurir o testemunho dos grandes cristãos ao longo dos séculos. E não há motivo para não se seguir um (outro) volume com breves testemunhos de discípulos de hoje. Afinal de contas, tudo o que conhecemos acerca de Jesus se deve ao testemunho pessoal de seus seguidores mais imediatos. Mas, para os cristãos, Jesus não é apenas uma figura do passado. Os cristãos de hoje são discípulos do presente. Então por que não continuar a história de Jesus até o presente, com crentes do dia a dia testemunhando aquilo que os atrai ou os intriga acerca de Jesus? Que tal?

1

Jesus de acordo com Jesus

Podemos confiar que somos capazes de retornar à mensagem e às opiniões que o próprio Jesus tinha de si mesmo? John Meier certamente não teve dúvidas disso – e os cinco volumes de *Um judeu marginal: repensando o Jesus histórico* incluem uma resposta clara e bem desenvolvida (Meier, 2003). No entanto, uma resposta mais breve talvez ajude a enfocar a atenção nos aspectos-chave que nos possibilitam falar com segurança não só do impacto que Jesus causou, mas também da compreensão que ele tinha daquilo em que estava empenhado. A maneira óbvia de fazê-lo consiste em destacar os traços característicos daquilo que os primeiros cristãos lembraram acerca de Jesus, como foi registrado pelos primeiros evangelistas[1]. As páginas seguintes examinam isso de três maneiras: lições aprendidas de Jesus, traços característicos do ministério de Jesus e autocompreensão do próprio Jesus[2].

---

1. Referimo-nos aos autores dos Evangelhos como "evangelistas".
2. Restringi ao mínimo as notas de rodapé. Para uma análise mais detalhada, cf. Dunn (2023a). O conteúdo deste capítulo foi adaptado dessa obra de James Dunn (2023b).

Lições aprendidas de Jesus

Há numerosas ênfases e prioridades que podemos dizer com certa segurança que foram atribuídas a Jesus por seus primeiros seguidores.

O mandamento do amor

O sumário do mandamento do amor é registrado pelos três primeiros Evangelhos[3]. Já que os três concordam nas características principais, basta-nos citar apenas a versão de Marcos:

> Um dos escribas [...] perguntou-lhe: 'Qual é o primeiro de todos os mandamentos?' Jesus respondeu: 'O primeiro é: "Ouve, Israel, o Senhor nosso Deus é o único Senhor, e amarás o Senhor teu Deus de todo o coração..." O segundo é este: "Amarás o próximo como a ti mesmo". Não há mandamento maior do que estes' (Mc 12,28-31)[4].

A primeira citação vem do Deuteronômio 6,5, o credo fundamental de Israel, de modo que não causa surpresa aos primeiros que ouviram e puseram em circulação a tradição de Jesus. É o segundo mandamento que causaria certa surpresa ao ser pronunciado pela primeira vez. Porque provém de uma passagem muito menos conhecida e menos usada na Torá: Levítico 19,18. Na antiga reflexão judaica, esse mandamento certamente não é tão importante como o primeiro – a terceira cláusula num versículo que faz parte de uma sequência concernente às relações e obrigações pessoais.

---

3. Mc 12,28-31 || Mt 22,35-40 || Lc 10,25-28.
4. O autor se baseia sobretudo na *New Revised Standard Version* e em alguns casos faz sua própria tradução. Na tradução, baseamo-nos principalmente na *Bíblia Sagrada*, traduzida pela Editora Vozes, e na *Bíblia de Jerusalém* [N.T.].

Não guardes no coração ódio contra teu irmão. Repreende teu concidadão para não te tornares culpado de pecado por causa dele. Não te vingues nem guardes rancor contra teus compatriotas. Amarás o teu próximo como a ti mesmo. Eu sou o SENHOR (Lv 19,17-18).

Esse apreço por Levítico 19,18c como o segundo dos dois mandamentos que sintetizam a Lei de Deus é excepcional. Referências explícitas a Levítico 19,18 faltam na literatura judaica anterior a Jesus e as alusões que existem não lhe dão particular proeminência – embora, subsequentemente, seja atribuída ao Rabi Akiba (início do século II d.C.) a opinião de que Levítico 19,18 é "o maior princípio geral na Torá"[5]. Já que a proeminência dada na história primitiva do cristianismo ao mandamento "Ama teu próximo como a ti mesmo"[6] é obviamente atribuída ao ensinamento de Jesus, provavelmente não é desonesto deduzir que semelhante ênfase de Akiba ateste a mesma influência. Seja como for, a abstração e exaltação de Levítico 19,18c como o segundo dos dois maiores mandamentos podem ser atribuídas, sem dúvida, a Jesus e atestam vigorosamente sua influência.

Prioridade dos pobres

Essa prioridade é sumamente impressionante em diversas passagens dos Evangelhos. Notável é a resposta de Jesus ao jovem rico, que havia observado todos os mandamentos, mas faltava-lhe uma coisa: "Vai, vende tudo o que tens e dá o dinheiro aos pobres e terás um tesouro no céu" (Mc 10,21 par). De maneira semelhante, seu elogio à pobre viúva que, ao colocar duas moedas de cobre no cofre, havia, na perspectiva de

---

5. Midraxe halakha em Lv 19,18.
6. Rm 13,8-10; Gl 5,14; Tg 2,8; Didaqué 1,2; 2,7; Barnabé 19,5; Evangelho de Tomé 25.

Jesus, "na sua pobreza [...] dado tudo o que tinha, todo o seu sustento" (Mc 12,42-44 || Lc 21,2-4). Na resposta de Jesus à pergunta do Batista – se ele (Jesus) era o cumprimento da expectativa (messiânica) – o clímax na resposta é que "os pobres receberam a boa nova" (Mt 11,5 || Lc 7,22). Notável é também a maneira como Lucas começa seu relato da missão de Jesus: ele apresenta Jesus lendo um trecho de Isaías 61 na sinagoga de Nazaré: "O Espírito do Senhor está sobre mim, porque ele me ungiu para anunciar a boa nova aos pobres" (Lc 4,18). E igualmente impressionante é a versão de Lucas das Bem-aventuranças – sendo a primeira: "Felizes sois vós, os pobres, porque vosso é o reino de Deus" (Lc 6,20; uma interessante variação da versão de Mateus: "Felizes os que têm espírito de pobre" [Mt 5,3]). Deve causar pouca surpresa, portanto, que para Lucas um traço essencial do Evangelho é que ele é boa nova para os pobres: os pobres, os aleijados, os coxos e os cegos é que deverão ser convidados para a grande festa (Lc 14,13.21); e Zaqueu mostra sua prontidão para a salvação pelo fato de dar metade de seus bens aos pobres (Lc 19,8).

Evidentemente, a prioridade dos pobres é uma ênfase proeminente na lei de Israel (por exemplo, Dt 15,11). Mas dificilmente se pode duvidar que a preocupação particular com os pobres, tão proeminente entre os primeiros cristãos, deve ser atribuída à influência da ênfase do próprio Jesus. O mesmo se pode dizer da primeira preocupação entre os discípulos da comunidade de Jerusalém com as viúvas pobres entre seus membros, que resultou na primeira organização cristã formal (At 6,1-6). A profunda preocupação com os pobres mostrada por Tiago atesta a mesma preocupação (Tg 2,2-6). A mesma impressão é dada pelo fato de que, no acordo de Jerusalém – os convertidos gentios não precisam ser circuncidados –, a única preocupação mostrada foi "que nos lembrássemos dos pobres", a que Paulo acrescenta: "o que procurei fazer com muito cuidado" (Gl 2,10). De maneira semelhante, pode haver pouca dúvida quanto ao motivo por que Paulo deu tanta importância à ajuda aos pobres entre os santos em Jerusalém, promovendo uma coleta especial para eles nas Igrejas que ele havia fundado, e se dispôs a arriscar a própria vida para trazer a coleta a Jerusalém[7]. Devemos estar certos, portanto, de que a preocupação com os pobres é uma das prioridades que os primeiros cristãos aprenderam com Jesus.

Pecadores bem-vindos

Um traço particular do ministério de Jesus, que causou surpresa e choque aos seus contemporâneos religiosos, foi sua abertura àqueles considerados inaceitáveis na convivência religiosa. De acordo com os três primeiros Evangelhos, esse foi um dos traços da conduta de Jesus que despertaram crítica por parte dos "justos". No início de seu relato, Marcos registra o escândalo que Jesus causava por seu desembaraço de comer "com pecadores e cobradores de impostos". "Por que ele faz isto?", queixaram-se os fariseus e os escribas. Ao que Jesus respondeu admiravelmente: "Não são os que têm saúde que precisam de médico, e sim os doentes. Eu não vim chamar os justos, mas os pecadores" (Lucas acrescenta: "para o arrependimento" (Mc 2,16-17 par)). Mateus e Lucas (Q)[8] observam uma crítica semelhante: "Olhem! Um comilão e um beberrão, amigo de cobradores de impostos e pecadores!" (Mt 11,19 || Lc 7,34). Mas é novamente Lucas quem dá ênfase particular a esse aspecto da conduta de Jesus. Ele observa a repetida crítica a Jesus neste ponto: "Este homem acolhe os pecadores e come com eles" (Lc 15,2). Ao que Jesus responde com as parábolas

---

7. Rm 15,25-31; 2Cor 8-9.
8. Q é uma das fontes usadas por Mateus e Lucas. Para mais detalhes sobre Q, cf. capítulo 2.

do pastor e a ovelha perdida e da mulher e a moeda de prata perdida: evidentemente, o pastor vai em busca da ovelha e a mulher em busca da moeda até encontrarem o que se perdera (Lc 15,3-10). Só Lucas narra a parábola que contrasta as orações do fariseu e do cobrador de impostos, em que este último reza: "Meu Deus, tem piedade de mim, pecador", e sua oração foi realmente acolhida (Lc 18,9-14). E só Lucas narra o episódio em que Jesus vai hospedar-se na casa de um "chefe de cobradores de impostos", Zaqueu, apesar da crítica de que Zaqueu era "um pecador". O episódio termina com Jesus assegurando que a salvação chegou a essa casa, já que ele (Zaqueu) também é um filho de Abraão (Lc 19,1-10).

Dificilmente causa surpresa, portanto, que Paulo resuma o evangelho em termos da grande inversão – do amor de Deus pelos *pecadores*. "Deus prova o seu amor por nós pelo fato de Cristo ter morrido por nós quando éramos ainda pecadores" (Rm 5,8). "Assim como pela desobediência de um só homem todos se fizeram pecadores, também pela obediência de um só todos se tornaram justos" (Rm 5,19). E foi Paulo quem insistiu na lógica do evangelho: se os gentios devem ser classificados como "pecadores", então, evidentemente, o evangelho é também para eles, porque a justificação vem pela fé em Cristo, e não por fazer as obras da lei (Gl 2,15-17). É difícil contestar que essa ampliação do evangelho, para abranger tanto os gentios quanto os judeus, foi o resultado direto do reconhecimento de que a boa nova trazida por Jesus se destinava em primeiro lugar aos pecadores.

Abertura aos gentios

A ordem dada por Jesus a seus discípulos, de participar efetivamente de seu ministério, levanta a questão se ele estava aberto aos gentios: "Não andeis no meio dos gentios e não entreis em nenhuma cidade de samaritanos; mas ide antes às ovelhas perdidas da casa de Israel" (Mt 10,5-6). Contudo, Mateus registra isso como, de fato, apenas uma fase (preliminar) do ministério de Jesus, já que ele não poupa esforços para enfatizar que Jesus considerava o evangelho destinado também aos gentios. Só Mateus considera Isaías 42,1-4 uma das profecias do Antigo Testamento que Jesus cumpriu, culminando na expectativa de que "em seu [de Cristo] nome as nações depositarão sua esperança" (Mt 12,21). É Mateus que acrescenta ao relato da cura do criado do centurião a predição de Jesus de que "muitos virão do Oriente e do Ocidente e comerão com Abraão e Isaac e Jacó no reino dos céus, enquanto os herdeiros do reino serão lançados fora, na escuridão" (Mt 8,11-12). E também é ele que termina seu Evangelho com Jesus ordenando aos apóstolos: "Ide, pois, e fazei discípulos meus todos os povos" (Mt 28,19). Por isso podemos confiar que Mateus estava plenamente de acordo com a convicção cristã primitiva de que o evangelho se destinava também aos gentios e que essa convicção também estava plenamente de acordo com Jesus e com sua pregação e expectativa durante seu ministério terreno[9].

Mulheres entre seus seguidores próximos

Um tanto estranhamente Marcos conclui seu relato da crucifixão e morte de Jesus observando que, ao lado dos espectadores, havia mulheres – Maria Madalena, Maria mãe de Tiago Menor e de José, e Salomé – que o haviam seguido e servido na Galileia, e também "muitas outras mulheres que haviam subido com ele a Jerusalém" (Mc 15,40-41)[10]. A estranheza, sem dúvida, inclui o fato de que precisamente nesse momento todos

---

9. A passagem equivalente no Evangelho de João é: Jo 12,20-26, embora a ideia não seja proposta tão claramente.
10. Os paralelos em Mateus e Lucas não são tão completos (Mt 27,55-56 e Lc 23,49).

os discípulos masculinos de Jesus parecem tê-lo abandonado – embora João acrescente que "o discípulo a quem Jesus amava" estava ali com as mulheres (Jo 19,25-27). Um pouco antes, Lucas e João contam a tocante história da intimidade de Jesus com as irmãs Marta e Maria (Lc 10,38-42; Jo 11). E Mateus e João mencionam especialmente as primeiras aparições da ressurreição a Maria Madalena em particular junto ao túmulo de Jesus agora vazio[11]. O fato de nenhuma dessas aparições estar incluída no que podemos considerar a lista formal das aparições da ressurreição, elaborada por Paulo em 1Coríntios 15,3-8, é presumivelmente apenas um lembrete de que o testemunho das mulheres não recebia tanto peso como o dos homens. Portanto, é tanto mais notável que, apesar do que era considerado o *status* inferior do testemunho das mulheres, Mateus e João dão, no entanto, proeminência às aparições a Maria Madalena em particular.

Ser considerado chocante para os contemporâneos de Jesus pode muito bem ter sido um fator que contribuiu para assegurar que esse testemunho fosse conservado e recebesse expressão nos Evangelhos escritos – um lembrete de que as mulheres foram uma parte importante do grupo de discípulos de Jesus e no qual desempenharam um papel vital. E não deveríamos ver aqui uma conexão com a proeminência das mulheres entre os colaboradores de Paulo? O fato de o ex-fariseu – anteriormente comprometido com a manutenção da tradição judaica, inclusive o *status* inferior das mulheres – incluir, após sua conversão, muitas mulheres entre seus colegas e "colaboradores" próximos, um pouco mais de 20% (Dunn, 2023a), deveria provavelmente ser considerado um indício da muitas vezes não mencionada influência da tradição do ministério de Jesus sobre Paulo.

---

11. Mt 28,19; Jo 20,11-18.

Abertura às crianças

O incidente-chave recordado pelos três primeiros evangelhos é Marcos 10,13-16 par. Notável é o fato, registrado pelos três evangelistas: quando alguns traziam crianças até Jesus, para que pudesse abençoá-las, seus discípulos os repreendiam. A resposta indignada do próprio Jesus foi: "Deixai vir a mim as crianças. Não as impeçais, pois o reino dos céus pertence aos que são como elas" (Mc 10,14). Marcos e Lucas acrescentam que Jesus disse: "Eu vos asseguro: Quem não receber o reino de Deus como uma criança pequena nunca entrará nele" (Mc 10,15 || Lc 18,17)[12]. Dada a notável influência de Jesus sobre as relações pessoais de seus discípulos, deveríamos detectar provavelmente a sua influência também nos "códigos domésticos" que aparecem nas cartas paulinas tardias[13]. Esses códigos domésticos eram familiares à época, mas é notável nas exortações de Paulo a pressuposição de que as crianças e as pessoas escravizadas deveriam fazer parte plenamente da assembleia cristã e poderiam ou deveriam ser tratadas de forma direta. Não é preciso muito esforço para inferir que isso também atesta a influência contínua da missão de Jesus sobre seus discípulos.

Abrandamento das leis alimentares

Esse é um dos aspectos mais notáveis da missão de Jesus, sobretudo porque transcendia nitidamente a tradicional preocupação judaica com a pureza. Não causa surpresa que esse aspecto receba tratamento extenso da parte de Marcos e Mateus (Mc 7,1-23 || Mt 15,1-20). Começa com a crítica de alguns fariseus de que os discípulos de Jesus "comiam com as

---

12. Mateus inclui uma variação do que foi dito antes (Mt 18,3).
13. Ef 6,1-9; Cl 3,18-4,1.

mãos impuras, ou seja, sem as lavar". A palavra grega usada aqui (*koinos* = comum) reflete a percepção caracteristicamente judaica de "profano, sujo, impuro" (Dunn, 2023a). Jesus responde citando Isaías 29,13: "Este povo me louva apenas com seus lábios, enquanto seu coração está longe de mim; em vão me prestam culto, ensinando preceitos humanos como doutrinas". E disso tira uma conclusão extraordinariamente crítica: "Abandonais o mandamento de Deus e vos apegais à tradição humana" (Mc 7,6-8).

A tradição de Jesus continua tanto em Marcos como em Mateus, desafiando ulteriormente o conceito judaico tradicional de pureza (Mt 15,10-20 || Mc 7,14-23). A versão mateana da tradição se contenta em traçar uma comparação nítida entre pureza interior e exterior: "Não é o que entra pela boca que torna uma pessoa impura, mas o que sai da boca é que a torna impura" (Mt 15,11)[14]. Porém, em Marcos, o ensinamento é mais contundente: "Nada que vem de fora de uma pessoa pode torná-la impura. O que sai de dentro torna [uma pessoa] impura" (Mc 7,15). E na explicação seguinte dada por Jesus, lembra-se claramente que Jesus ensina que aquilo que entra numa pessoa não pode torná-la impura. Marcos esclarece esse ponto acrescentando: "Assim Jesus declarava puro todo alimento" (Mc 7,18-19).

Sabemos, por meio de Paulo, que a questão dos alimentos puros e impuros surgiu na missão mais ampla aos gentios. Ali a questão era se os seguidores de Jesus podiam comer carne que fora sacrificada aos ídolos (o mais comum suprimento de alimento nos antigos mercados de carne)[15]. O conselho de Paulo era claro: "Nada é impuro em si mesmo; uma coisa só

---

14. Mateus e Lucas (Q) lembram também Jesus repreendendo os fariseus por julgarem a pureza exterior mais importante do que a pureza interior (Mt 23,25-26 || Lc 11,39-41).
15. Rm 14,1-15,6; 1Cor 8-10.

é impura para quem a considera impura" (Rm 14,14). O que é intrigante é que a versão de Marcos do ensinamento de Jesus sobre o tema da pureza dos alimentos parece refletir a enérgica afirmação de Paulo. Em outras palavras, é nesse ensinamento em particular que podemos ver a influência das prioridades de Jesus sendo refletidas para a frente por Paulo e as inferências tiradas de seu ensino sendo retrorrefletidas para a memória de seu ensinamento.

A Última Ceia ou Ceia do Senhor

Finalmente, ao recontar o que o cristianismo aprendeu de Jesus, não devemos esquecer o lugar central que a última refeição de Jesus com seus discípulos antes de sua morte ocupou na memória e na prática dos primeiros cristãos. Os três primeiros Evangelhos deixam claro o quanto esse momento especial com Jesus foi importante para seus discípulos (Mc 14,22-25 par). Não sabemos com quanta frequência a Ceia do Senhor era celebrada nos primeiros decênios do cristianismo. Mas Paulo deixa igualmente claro que a refeição compartilhada, começando com o pão ("Isto é o meu corpo que é partido por vós") e terminando com o cálice ("Este cálice é a nova aliança no meu sangue"), era lembrada explicitamente como uma memória sagrada iniciada por Jesus (1Cor 11,23-26). Isso sintetiza, como nenhuma outra coisa o faz, que o cristianismo está profundamente arraigado no ministério do próprio Jesus, que culmina em sua morte.

É impressionante, portanto, o quanto daquilo que era importante para os primeiros cristãos pode remontar diretamente à influência do ministério e do ensinamento de Jesus.

Traços característicos do ministério de Jesus

Durante grande parte – ou, na verdade, na maior parte – do século XX, a atenção principal nos estudos eruditos sobre Jesus se dirigia àquilo que os primeiros cristãos pensavam acerca dele. Surpreendentemente pouca atenção ou preocupação foi reservada ao impacto causado por Jesus, a tal ponto que se pode facilmente concluir que pouco se pode discernir hoje do Jesus histórico e de seu ensinamento. Mas a probabilidade de que Jesus causou um impacto sobre seus primeiros discípulos, claramente apontado na tradição de Jesus, é um ponto de partida tão óbvio que qualquer estudo erudito que negue nossa capacidade de falar com credibilidade sobre o ensinamento e o ministério de Jesus pareceria excessivamente cético e preconceituoso. Já observamos que muitos aspectos do catolicismo primitivo podem ser atribuídos seguramente à influência da conduta e do ensinamento de Jesus. Agora, pode-se acrescentar que uma das coisas mais importantes é o fato de que há traços característicos do ministério de Jesus que sobressaem nos relatos do ministério de Jesus e que não é plausível dizer que se originaram nas avaliações posteriores de seu ministério.

O reino de Deus

Quando lemos os três primeiros Evangelhos é fácil e quase natural concluir que a proclamação do reino de Deus foi a característica principal da pregação de Jesus, a qual Marcos apresenta e resume precisamente nos seguintes termos: "Completou-se o tempo e o reino de Deus está próximo; arrependei-vos e crede na boa nova" (Mc 1,15). Mateus e Lucas sintetizam ambos a pregação de Jesus desta forma: "Jesus percorria toda a Galileia [...] proclamando o evangelho do reino" (Mt 4,23). Jesus disse aos seus discípulos: "Preciso anunciar a boa nova do reino de Deus também às outras cidades!" (Lc 4,43). Quando Jesus enviou seus discípulos em missão, foi para pregar a mesma mensagem: "O reino dos céus está próximo" (Mt 10,7 || Lc 10,9). Um exemplo notável de sua pregação do reino é o primeiro parágrafo das bem-aventuranças ou bênçãos de Jesus: "Felizes sois vós, os pobres, porque vosso é o reino de Deus" (Lc 6,20 || Mt 5,3). É também proeminente a afirmação de Jesus de que seu próprio ministério de cura era uma manifestação do reino: "Se é pelo Espírito de Deus que expulso os demônios, então o reino de Deus chegou até vós" (Mt 12,28 || Lc 11,20). E notáveis são também as parábolas do reino contadas por Jesus; por exemplo: "[O reino de Deus] é como um grão de mostarda" (Mc 4,31 par).

É fácil, portanto, ver que o ministério de pregação de Jesus pode ser resumido em termos de sua proclamação do reino de Deus, não só iminente, mas já evidente em seu ministério. O reino de Deus (ou dos céus, na versão preferida de Mateus) é mencionado mais de cinquenta vezes na tradição compartilhada pelos três primeiros Evangelhos. Isso torna tanto mais surpreendente que as referências ao reino de Deus são tão esparsas em seguida. Por exemplo, Paulo retoma o tema de herdar o reino de Deus[16], mas a ideia do reino como presente e atuante dificilmente é um traço forte de seu evangelho, como o era do ministério de Jesus[17]. E, surpreendentemente quando comparado com os outros Evangelhos, o Evangelho de João apresenta Jesus referindo-se ao reino de Deus numa perícope apenas (Jo 3,3.5), embora João inclua também Jesus referindo-se ao "meu reino" no julgamento diante de Pilatos (Jo 18,36). A evidência mostra, portanto, que é altamente improvável que a memória e a reelaboração da tradição de Jesus tenham retomado a ênfase no reino de Deus a partir do

---

16. 1Cor 6,9.10; 15,50; Gl 5,21; Ef 5,5.
17. Rm 14,17; 1Cor 4,20; Cl 1,13.

interesse cristão ulterior pelo tema. É muito mais provável que a ênfase de Jesus no reino de Deus diminuiu posteriormente entre seus seguidores, presumivelmente porque, num Império Romano atento às ameaças contra sua autoridade, a promoção de qualquer outro reino poderia ser apresentada como tal ameaça. A proclamação que Jesus fez do reino de Deus não era um tema a ser elaborado no império de César.

Mestre

Mestre é o título mais comum para designar Jesus na sua própria tradição – ocorrendo cerca de cinquenta vezes. O paralelo entre Jesus e seus discípulos, por um lado; e os rabinos e seus alunos, por outro, é apenas parcial, mas o próprio fato de os seguidores imediatos de Jesus serem conhecidos como "discípulos" (*mathêtês*, de *manthanein*, "aprender") implica, sem dúvida, que Jesus era amplamente reconhecido como um mestre cujos discípulos o seguiam a fim de aprender[18]. Na verdade, lembra-se que Jesus foi abordado ocasionalmente como "Rabi" ou "Rabbouni"[19], e Mateus recorda que o próprio Jesus via sua relação com seus discípulos nesses termos (Mt 10,24-25 || Lc 6,40).

Uma das características lembradas acerca de seu ensinamento era a surpreendente autoridade com que ensinava. Jesus é recordado como alguém que provocou surpresa e questionamento em relação à autoridade de seu ensinamento. Por exemplo, Marcos liga caracteristicamente a autoridade de seu ensino aos seus exorcismos e palavras poderosas: "O que é isso? Uma nova doutrina – com autoridade! Ele manda até nos espíritos impuros e eles lhe obedecem" (Mc 1,27). "Donde

---

18. O termo *mathêtês* (discípulo) é usado frequentemente nos Evangelhos – 73 vezes em Mateus, 46 vezes em Marcos, 37 vezes em Lucas e 78 vezes em João.
19. Mc 9,5; 10,51; 11,21; 14,45; Mt 26,25; Jo 1,38.49; 3,2; 4,31; 6,25; 9,2; 11,8.

esse homem obteve tudo isso? Que sabedoria é essa que lhe foi dada? Que ações de poder são feitas por suas mãos!" (Mc 6,2). A delegação dos sumos sacerdotes perguntou-lhe: "Com que autoridade fazes estas coisas? Quem te deu esta autoridade?" (Mc 11,28 par). Essa surpresa, ou mesmo incredulidade, é compreensível dado o fato presumivelmente bem conhecido de que Jesus não tinha qualquer instrução formal. É tanto mais impressionante, portanto, que essa ênfase em Jesus como um mestre não tenha sido conservada nas primeiras Igrejas. Evidentemente Jesus foi lembrado como muito mais do que um mestre nas primeiras Igrejas. Mas esse próprio fato torna tanto menos verossímil argumentar que as referências a Jesus como "mestre" foram atribuídas retroativamente à tradição de Jesus. O fato de que Jesus foi amplamente conhecido como mestre durante seu ministério é um dos traços mais firmemente estabelecidos da tradição de Jesus.

Ensino mediante parábolas

Foi também um dos traços mais característicos do ministério de Jesus o fato de ele ser um parabolista. Histórias, ilustrações ou parábolas não eram traços regulares da transmissão do ensino tradicional no judaísmo. Por isso é um tanto impressionante que Marcos, no final de sua coleção de parábolas (Mc 4,1-32), resuma seu retrato de Jesus nestes termos: "Com muitas parábolas como estas, Jesus anunciava-lhes a palavra segundo podiam entender, e nada lhes falava senão em parábolas; mas em particular explicava tudo a seus discípulos" (Mc 4,33-34 || Mt 13,34). Na verdade, nada menos do que 46 parábolas são atribuídas a Jesus na tradição compartilhada – algumas figurando em todo os três primeiros Evangelhos, como o semeador (Mc 4,1-9.13-20 par) e os maus vinhateiros (Mc 12,1-12 par); algumas provavelmente na tradição comum a Mateus e Lucas, como a parábola dos talentos (Mt 25,14-30 || Lc 19,11-27); algumas únicas de Mateus, como as parábolas dos trabalhadores da vinha (Mt 20,1-16) e das donzelas sábias e tolas (Mt 25,1-13); e mais de um terço do total características de Lucas, inclusive algumas das mais conhecidas, como o bom samaritano (Lc 10,25-37), a ovelha perdida, a moeda perdida, o filho pródigo (Lc 15,1-32), o homem rico e Lázaro (Lc 16,19-31) e o fariseu e o cobrador de impostos (Lc 18,9-14). Assim, a descrição de Jesus como um parabolista está bem fundamentada.

O que é impressionante em comparação é que nenhum entre os discípulos de Jesus ou nas Igrejas primitivas é lembrado como um parabolista. Paulo, por exemplo, é lembrado por algumas analogias vigorosas, como a da oliveira com ramos enxertados (Rm 11,17-24), mas certamente não é lembrado como um parabolista. E, particularmente, João não faz nenhum esforço para retratar Jesus como um contador de parábolas; os ditos "Eu sou", sobretudo "Eu sou a videira verdadeira" (Jo 15,1), são os que mais o aproximam. Por isso seria muito difícil manter um argumento de que o retrato de Jesus como parabolista foi aplicado anacronicamente à tradição de Jesus pelos primeiros cristãos ou pelos três primeiros evangelistas. A única explicação óbvia é que, embora Jesus não tenha iniciado um modelo de ensino seguido por seus discípulos, precisamos concluir pelo menos que ele foi calorosamente lembrado como alguém que ensinou tipicamente contando parábolas e que suas parábolas causaram uma impressão duradoura sobre seus discípulos.

Exorcizando espíritos maus

O exorcismo foi evidentemente um dos traços mais proeminentes do ministério de Jesus. Podemos observar, por exemplo, a acusação lançada contra Jesus de que ele expulsava demônios "pelo poder do chefe dos demônios" (Mc 3,22 par). Ao que Jesus respondeu:

> Como pode Satanás expulsar Satanás? Se um reino estiver dividido contra si mesmo, não pode manter-se de pé. E se uma família estiver dividida contra si mesma, não pode manter-se de pé. E se Satanás se levantou contra si mesmo e está dividido, não pode continuar de pé, mas seu fim chegou. Ninguém consegue entrar na casa de um homem forte e roubar-lhe os bens, se antes não o tiver amarrado; só então poderá saquear sua casa (Mc 3,23-27 par).

Nesse ponto, Mateus e Lucas inserem apropriadamente uma passagem de sua fonte compartilhada: "Se eu expulso os demônios por Belzebu, por quem os expulsam os vossos filhos? Por isso, eles serão os vossos juízes. Mas, se é pelo Espírito de Deus que eu expulso os demônios, então o reino de Deus chegou até vós" (Mt 12,27-28 || Lc 11,19-20). É evidente, portanto, que Jesus era amplamente considerado um exorcista[20].

De acordo com os três primeiros evangelistas, Jesus também encarregou seus discípulos de pregar e expulsar demônios[21]. E, inesperadamente[22], quando foram assim enviados, parece que foram tão bem-sucedidos como o próprio Jesus (Lc 10,17). É um tanto surpreendente, portanto, que o exorcismo não figure absolutamente nas primeiras Igrejas. O termo *daimonion* ("demônio" ou "espírito mau") ocorre 67 vezes na tradição compartilhada por Marcos, Mateus e Lucas, mas apenas seis vezes em João, e ocasionalmente em seguida; contudo, exorcismos como tais não são mencionados outra vez[23]. Expulsar demônios não foi evidentemente um ministério que

---

20. Mt 9,32-34; 17,18; Mc 1,34.39; 7,26-30; Lc 4,33-35.41; 8,27-38; 9,42; 11,14-15; 13,32.
21. Mc 3,15; 6,7-13 par.
22. Cf. Mc 9,18 par.
23. Fora dos três primeiros Evangelhos, curar alguém possuído por um "espírito imundo", como uma expressão alternativa, aparece apenas em Atos 5,16 e 8,7.

os primeiros cristãos exerceram, apesar de terem o próprio Jesus como seu precedente. E, se o fizeram, não o consideraram digno de ser registrado. De qualquer forma, é inconcebível inferir que o ministério de Jesus como exorcista foi todo ele introduzido retroativamente na tradição de Jesus. Também aqui podemos estar seguros de que Jesus foi conhecido e lembrado como um exorcista bem-sucedido.

Concentração na Galileia

Uma das curiosidades que qualquer comparação do Evangelho de João com os três primeiros Evangelhos dificilmente pode omitir é que grande parte do relato de João sobre o ministério de Jesus se situa no sul: na Judeia e em Jerusalém. Em Marcos, Mateus e Lucas a história do ministério de Jesus é clara. Foi batizado pelo Batista na Judeia. Mas, após João Batista ser detido e encarcerado, Jesus se retirou para o norte, para a Galileia (Mc 1,14 par). E ali atuou na maior parte de seu ministério. Foi só após a confissão de Pedro de que Jesus era o Messias[24], diz Mateus, que Jesus "começou a mostrar a seus discípulos que ele precisava ir a Jerusalém e sofrer muito" ali (Mt 16,21). Lucas conta a mesma história: "Quando estavam para se completar os dias em que seria arrebatado deste mundo, Jesus dirigiu-se resolutamente para Jerusalém" (Lc 9,51). E geralmente se reconhece que a narrativa da paixão começa com a entrada de Jesus em Jerusalém (Mc 11,1-10 par).

Em contraposição, João diz que Jesus foi a Jerusalém diversas vezes no decurso de seu ministério. João retrata Jesus "limpando o templo" já no início (Jo 2,13-22), seguindo-se sua conversa com Nicodemos quando ainda estava em Jerusalém (Jo 2,23-3,10). Jesus demora-se na Judeia e atua efetivamente

---

24. "Messias" (= *christos* em grego) era o título do esperado libertador de Israel.

na Samaria (Jo 3,22-4,42), seguindo-se um período aparentemente breve na Galileia (Jo 4,43-54). No capítulo 5, ele está novamente em Jerusalém, mas no capítulo 6 está um tanto abruptamente de volta à Galileia para o grande discurso do pão da vida. Pouco depois, no entanto, dirige-se outra vez a Jerusalém (Jo 7,10) e, surpreendentemente, não retorna mais à Galileia depois disso. João realça de fato o grau de surpresa que seu retrato causa, mencionando a descrença da multidão de Jerusalém de que algo de bom possa vir da Galileia (Jo 7,41.52).

É fácil ver como surgiu o contraste entre os três primeiros Evangelhos e João. Por algum motivo, Marcos, que foi o primeiro a compor um "evangelho" (Mc 1,1), decidiu focalizar o ministério de Jesus na Galileia e retratar sua viagem a Jerusalém, com sua traição, crucifixão e ressurreição, como sendo o clímax. Nisso foi seguido por Mateus e Lucas, ambos utilizando Marcos como seu molde. João, no entanto, sugere que Jesus fez de fato viagens anteriores a Jerusalém, para participar de festas anuais, antes de sua jornada final que culminou com sua paixão. A questão é complicada pelo fato de João transferir o episódio da limpeza do templo para o início do ministério de Jesus, provavelmente como um "sinal" para indicar o caráter de seu ministério (Jo 2,18-22). Mas isso pode simplesmente nos lembrar de que João viu sua tentativa de salientar o significado da missão de Jesus como algo diferente e menos coagido pelos detalhes históricos do que os evangelistas anteriores. Seja como for, ambos realçam características distintivas do ministério de Jesus como foi lembrado de várias maneiras.

Submissão à autoridade dos sumos sacerdotes

Podemos observar simplesmente que Jesus foi lembrado como disposto de fato a entregar-se às autoridades de

Jerusalém. Como vimos na última seção, os três primeiros Evangelhos apresentaram a decisão de Jesus de dirigir-se a Jerusalém como o momento decisivo de seus respectivos relatos da história de Jesus. Marcos prepara o cenário mostrando Jesus fazendo uma sequência de predições da paixão em sucessivos capítulos (na ordem atual)[25]. A terceira é a mais explícita: "O Filho do homem será entregue aos sumos sacerdotes e aos escribas. Eles o condenarão à morte e o entregarão aos gentios. Zombarão dele, cuspirão nele, o açoitarão e o matarão. Mas, depois de três dias, ele ressuscitará" (Mc 10,33-34).

O que é impressionante, e pode ser registrado como outra característica distintiva do ministério de Jesus, é que assim Jesus é lembrado como alguém que se dirige voluntariamente e com plena consciência para sua traição e morte em Jerusalém. Isso contrasta um tanto com sua fuga do perigo após a execução de João Batista por Herodes (Mt 14,13 par). A maneira como os evangelistas empreendem seus relatos da boa nova, começando com o batismo por João, subsequentemente executado, e com indícios de advertências iniciais (como Mc 3,6), mostra que a caracterização dos evangelhos como "narrativas da paixão com uma introdução extensa"[26] representa fielmente um ministério que culminou na submissão às autoridades de Jerusalém.

Não é difícil, portanto, ver esses traços como característicos do ministério real de Jesus – nenhum deles introduzido na tradição de Jesus numa data subsequente, mas cada um lembrado realmente por seus discípulos, tendo causado um impacto duradouro e proporcionando traços básicos de sua recontação da história desse ministério.

---

25. Mc 8,31; 9,31; 10,33-34.
26. Cf. a argumentação de Martin Kähler no próximo capítulo.

Autocompreensão de Jesus

Não menos surpreendente é o fato de que podemos discernir a compreensão que Jesus tinha de seu papel, e podemos fazê-lo bastante nitidamente por trás daquilo que os primeiros cristãos pensaram dele subsequentemente. De fato, os evangelhos retratam Jesus como era visto à luz de tudo o que aconteceu no clímax de seu ministério e posteriormente. Mas já vimos o quanto daquilo que os primeiros crentes disseram acerca da missão de Jesus só pode ser explicado realisticamente em termos do impacto que Jesus causou em seus discípulos durante sua missão. E é assim quando perguntamos o que podemos saber com segurança acerca da consciência que o próprio Jesus tinha de si mesmo. A evidência pode ser registrada bem concisamente.

Missão batismal de Jesus

Todos os evangelistas concordam que Jesus começou sua missão após seu batismo por João Batista (Mc 1,9-11 par). O fato de Jesus ter sido batizado por João, insinuando que João era hierarquicamente superior a Jesus, foi algo embaraçoso para os primeiros cristãos. Mateus mostra isso acrescentando que João procurou dissuadir Jesus, dizendo-lhe: "Eu é que preciso ser batizado por ti e tu vens a mim?" Ele só consente em batizar Jesus quando Jesus responde: "Deixa por ora, pois convém que cumpramos toda a justiça" (Mt 3,14-15). A questão é que a ideia de que a missão de Jesus começou após seu batismo por João estava tão fixa na memória que os primeiros seguidores tinham dele que esse acontecimento dificilmente podia ser ignorado.

Fundamental para a primeira memória desse acontecimento foi a compreensão de que foi então que Jesus recebeu a confirmação do favor de Deus e uma unção com o Espírito de Deus para a missão que ele depois traduziu em ação. Se foi uma incumbência privada, como insinua Marcos (Mc 1,1-10), ou algo mais público (Mt 3,16-17 || Lc 3,21-22), é menos importante do que o testemunho concorde de todos os evangelistas de que a missão de Jesus começou a partir de um encargo recebido de Deus, seu Pai, quando ele foi batizado por João.

"Eu vim" ou "Fui enviado"

O sentimento de Jesus de ter recebido uma missão do céu (por ocasião de seu batismo por João) é atestado pelo número de vezes em que ele expressa essa convicção. Assim, por exemplo: "Não vim chamar os justos, mas os pecadores" (Mc 2,17 par); "Eu vim trazer fogo à terra"[27]; "O Filho do homem veio [...] para servir" (Mc 10,45 par)[28]. Ou novamente: "Quem me recebe, recebe [...] aquele que me enviou" (Mc 9,37 || Lc 9,48); "Quem me recebe, recebe aquele que me enviou" (Mt 10,40 || Jo 13,20); "Quem me rejeita, rejeita aquele que me enviou" (Lc 10,16). De algum interesse é o fato de que João elabora a tradição do "enviou"[29], mostrando uma das principais raízes de sua cristologia mais elaborada. Mas é suficientemente claro que essa elaboração está bem enraizada nas primeiras memórias de alguém que pelo menos ocasionalmente expressou esse sentimento de missão celestial nesses termos. Como um traço característico dos Evangelhos no Novo Testamento, sua origem dificilmente pode ser atribuída a crentes posteriores.

Messias/Cristo

Que Jesus era o Messias há muito esperado é a implicação direta da informação que acabamos de observar. A afirmação é

---

27. Lc 12,49.51-53; cf. Mt 10,34-36.
28. Cf. também: Mc 1,38 || Lc 4,43 ("eu fui enviado"); Mt 11,18-19 || Lc 7,33-34; Mt 5,17; Lc 19,10.
29. Jo 3,17.34; 5,36.38; 6,29.57; 7,29; 8,42; 11,42; 17,3.8.21.23.25; 20,21.

fundamental para a estrutura dos três primeiros Evangelhos, seguindo o exemplo de Marcos. Embora Jesus tenha sido inicialmente saudado como Messias por endemoninhados[30], o relato de Marcos se concentra na confissão de Pedro (Mc 8,29) e culmina na condenação de Jesus como "rei dos judeus" por Pilatos (Mc 15,9-26). Já que essa afirmação estava sujeita a ser entendida erroneamente (em temos de liderança política), Marcos mostra Jesus mantendo silêncio acerca da afirmação (Mc 1,25; 3,12) até que (como já foi observado) pôde explicar que messianismo significava sofrimento e morte, mas também ressurreição[31]. A recontação da história da missão de Jesus por João, em contrapartida, não mostra essas inibições[32]. Não há motivo para duvidar que a pergunta se Jesus era o Messias há muito esperado foi suscitada pela e durante a missão de Jesus, ou que Jesus entendeu sua missão nesses termos, ou que foi crucificado como um pretenso Messias. O que é particularmente interessante é que, no uso cristão primitivo subsequente, "Cristo" já se tornara um nome próprio – "Jesus Cristo" –, deixando até para trás a afirmação "Jesus, o Cristo". Isso sugere que a pretensão de que Jesus era (o) Messias já estava profundamente arraigada no início do cristianismo e refletia por completo a pretensão messiânica que a missão do próprio Jesus encarnava.

Abba

A tradição de Jesus mostra claramente que Jesus se dirigia a Deus como "Pai" em suas orações. Todas as cinco camadas do material evangélico são unânimes nesse ponto[33]. Há também bons fundamentos para a conclusão ulterior de que Jesus usou

---

30. Mc 1,24; 3,11.
31. Mc 8,31; 9,31; 10,33-34.
32. Jo 1,41; 4,25-26.29.
33. Q (a fonte compartilhada por Mateus e Lucas) – Mt 11,15-26 || Lc 10,21; Mc 14,36 par; Mt 26,42; Lc 23,34.46; Jo 11,41; 12,27-28; 17,1.5.11.21.24-25.

a palavra aramaica "*Abba*". O uso desse termo é atestado explicitamente na tradição de Jesus apenas em Marcos (Mc 14,36). Mas, já que tanto Mateus quanto Lucas entenderam o vocativo grego *pater* nesse ponto (Mt 26,39 || Lc 22,42), é provável que, subjacente ao vocativo *pater* nas outras orações de Jesus (inclusive a Oração do Senhor [Lc 11,2]), esteja o aramaico *abba*.

O que é notável é que, de acordo com Paulo, os primeiros cristãos também usaram essa forma íntima de alocução em suas orações[34]. Eles a atribuíram ao Espírito Santo e, em sua opinião, ela atestava que também eram filhos, um *status* compartilhado com Cristo. O fato de que os crentes gentios (de fala grega), aos quais Paulo escrevia regularmente, usavam essa forma aramaica de oração atesta como esta se tornara bem estabelecida nas primeiras Igrejas. E o próprio fato de se considerar que atestava uma filiação compartilhada com Cristo é uma confirmação de que a linguagem da oração repercutia intencionalmente o uso do próprio Jesus. Em outras palavras, a conclusão óbvia é que a oração do *Abba* era tão estimada entre os primeiros crentes precisamente porque era lembrada como a forma de oração do próprio Jesus. Era precisamente porque "*Abba*" era a maneira de rezar do próprio Jesus que seu uso serviu como garantia de que eles compartilhavam sua filiação.

Filho de Deus

É evidente que Jesus foi lembrado como filho de Deus por seus discípulos mais ou menos desde o início. Eles viam claramente seu batismo no Jordão como a ocasião em que ele foi saudado como "filho amado" de Deus por uma voz celestial (Mc 1,11 par), talvez até como o dia em que Jesus foi "concebido" como filho de Deus, conforme sugere um texto variante de Lucas (Lc 3,22, citando o Sl 2,7). E a narrativa da tentação em

---

34. Rm 8,15-17; Gl 4,6-7.

Mateus 4 e Lucas 4 focaliza precisamente esse *status*: "Se és o Filho de Deus" (Mt 4,3.6 || Lc 4,3.9). Além disso, são lembrados demônios e pessoas possessas saudando Jesus como filho de Deus (como em Mc 5,7 par).

Mas será que Jesus se via nesses termos? A evidência não é tão forte como gostaríamos que fosse. O autotestemunho mais forte, em Mateus e Lucas (Mt 11,27 || Lc 10,22), é excepcional na tradição compartilhada pelos três primeiros Evangelhos. E não podemos deixar de perguntar-nos se a referência ao "Filho" não é um acréscimo posterior a Marcos e Mateus (Mc 13,32 || Mt 24,36). Mais plausível é a evidência da parábola dos maus vinhateiros (Mc 12,1-9 par), já que, como vimos, as parábolas eram uma forma de ensino exclusiva de Jesus. O fato de que o filho do dono da vinha está morto poderia ser um reflexo do que aconteceu subsequentemente a Jesus, embora a ausência de uma referência clara à ressurreição de Jesus na própria parábola sugira que sua contação original expressava a antecipação pelo próprio Jesus do resultado provável de seu ministério. Mas parece que o ponto essencial do julgamento de Jesus foi a acusação de que ele afirmara ser "o Cristo, o filho do Bendito" (Mc 14,61). Intrigante é o fato de que Mateus e Lucas descrevem Jesus não dando uma resposta francamente positiva à acusação (Mt 26,64 || Lc 22,67-70), mas mesmo assim foi acusado de blasfêmia, motivo da condenação de Jesus à morte. Tudo isso, junto com a evidência do "*Abba*" recapitulada anteriormente, indica que é decerto mais plausível deduzir que a crença cristã primitiva de que Jesus era singularmente filho de Deus estava enraizada nas primeiras memórias de sua missão e morte.

O Filho do homem

A expressão "o Filho do homem" ocorre 86 vezes no Novo Testamento. Sessenta e nove ocorrem nos três primeiros

Evangelhos e 13 em João. Das quatro restantes, três são citações ou alusões de passagens do Antigo Testamento[35] e não mostram nenhuma consciência do uso evangélico. Só um uso honorário ("o Filho do homem") aparece fora dos Evangelhos – na visão de Estêvão em Atos (At 7,56). Mais impressionante ainda é o fato de que em todos os quatro Evangelhos a expressão aparece *somente* nos lábios de Jesus. Ele nunca é abordado ou confessado como "Filho do homem", nem nas narrativas evangélicas nem subsequentemente no culto das Igrejas. Isso está em contraste marcante com outros títulos utilizados para Jesus. Alguns exemplos:

Mc 2,10 par	"Para que saibais que o Filho do homem tem na terra o poder de perdoar os pecados".
Mc 2,28 par	"O Filho do homem é senhor também do sábado".
Mt 8,20 || Lc 9,58	"As raposas têm tocas e os pássaros do céu, ninhos; mas o Filho do homem não tem onde repousar a cabeça".
Mt 11,18-19 || Lc 7,33-34	"Veio João, que não comia nem bebia, e dizem: 'Está possuído do demônio'. Veio o Filho do homem, que come e bebe, e dizem: 'Olhem! Um comilão e beberrão'".

A conclusão é óbvia: esse uso particular da linguagem era lembrado como característico de Jesus precisamente porque é o que era. Além disso, as diversas ocasiões em que um evangelista traz "o Filho do homem", ao passo que outra traz "eu", deixam claro que os primeiros discípulos de Jesus reconheciam a expressão como uma autorreferência[36], e que era uma expressão tão característica da fala do próprio Jesus que não

---

35. Hb 2,6 = Sl 8,5; Ap 1,3 e 14,14 aludem a Dn 7,13.
36. Lc 6,22 \|\| Mt 5,11; Lc 12,8 \|\| Mt 10,32; Mt 16,13 \|\| Mc 8,27; Mc 10,45 \|\| Lc 22,27.

funcionava como um título para Jesus na cristologia mais antiga das Igrejas. Que Jesus possa também ter sido influenciado pela grande visão de Daniel (Dn 7,13) dificilmente afeta a questão[37], embora seja interessante que a cristologia subsequente não a tenha aproveitado. Novamente, a dedução mais óbvia é que Jesus foi mais influenciado por Daniel (Dn 7,13) na maneira de imaginar seu ministério funcionando do que o foram seus discípulos imediatos e subsequentes.

Autoexpectativa de Jesus

O testemunho dos Evangelhos é claro: Jesus aguardava plenamente a morte nas mãos das autoridades civis (os romanos), mas aguardava também ser justificado. Marcos fornece as primeiras insinuações: a advertência de que seria tirado do convívio com seus discípulos (Mc 2,20) e o surpreendentemente precoce indício de que os fariseus estavam empenhados em destruí-lo (Mc 3,6). Mas o peso principal da expectativa de Jesus é transmitido pelas três predições da paixão que seguem a confissão de Pedro de que Jesus era o Messias (Mc 8,29).

Então começou a ensinar-lhes que o Filho do homem devia sofrer muito, ser rejeitado pelos anciãos, pelos sumos sacerdotes e pelos escribas, ser morto e ressuscitar depois de três dias (Mc 8,31).

Ensinava os seus discípulos dizendo-lhes: "O Filho do homem será entregue nas mãos dos homens e eles o matarão; mas, depois de três dias, ele ressuscitará" (Mc 9,31).

Tomando novamente os Doze à parte, começou a dizer-lhes o que estava para acontecer:

> Eis que estamos subindo a Jerusalém e o Filho do homem será entregue aos sumos sacerdotes e aos escribas. Eles o

---

37. Mc 13,26 par; 14,62 par; cf. 8,38 par.

condenarão à morte e o entregarão aos gentios; zombarão dele, cuspirão nele, o açoitarão e o matarão; mas, depois de três dias, ele ressuscitará (Mc 10,32-34).

O fato de que, apesar dessas advertências, os discípulos de Jesus, ao que parece, estavam totalmente despreparados para a traição e a detenção (Mc 14,50), sem dúvida, não diminui a probabilidade de que Jesus teve pelo menos pressentimentos claros, mesmo que aquilo que de fato aconteceu a Jesus tenha compreensivelmente afetado a memória deles acerca dessas predições e advertências (como é provável no caso de Marcos [Mc 10,34]). Porque, como vimos, há pouca razão para duvidar que Jesus tinha clareza sobre a probabilidade de que sua viagem a Jerusalém terminaria com sua rejeição e morte. Portanto, também aqui, podemos detectar ecos claros da autocompreensão e concepção que Jesus tinha de sua missão.

* * *

Houve uma tradição de ceticismo erudito, que remonta a duas gerações, segundo a qual muito pouco se pode dizer sobre a autocompreensão do próprio Jesus porque a maior parte ou quase todo o significado atribuído a Jesus pelos primeiros cristãos foi introduzido retrospectivamente por eles nas memórias de sua missão pré-paixão. No entanto, vimos como a mensagem de Jesus pode ser atribuída seguramente a ele. Não há, com efeito, nenhuma boa razão para negar que aquilo que foi revisado anteriormente estava enraizado numa boa e autêntica memória que os primeiros discípulos de Jesus compartilhavam amplamente – não só as ênfases e prioridades que aprenderam dele, mas também os traços característicos de seu ministério que eles não procuraram imitar em seus próprios ministérios, e particularmente o que era lembrado como declarações e pretensões que revelavam a compreensão que Jesus tinha de sua missão e de seu papel. No mínimo, portanto, podemos dizer que as raízes das subsequentes crenças acerca de Jesus estavam bem estabelecidas naquilo que foi (e é) lembrado como sido dito por ele e na maneira como atuou. Jesus de acordo com Jesus está firmemente na raiz de Jesus de acordo com os evangelistas.

2

Jesus de acordo com Marcos, Mateus e Lucas

Num tempo em que somos inundados com material impresso, é difícil para nós imaginar séculos passados em que não havia esse tipo de aparato. Estamos acostumados com jornais diários, muitas vezes com muitas páginas. Visitamos livrarias com prateleiras sobre prateleiras cheias de livros novos e recém-publicados. Podemos consultar bibliotecas, às vezes com salas e mais salas, e vários andares com volumes e mais volumes enfileirados. Podemos realmente imaginar como deve ter sido em sociedades quando só uma pequeníssima minoria podia ler por si mesma? Quando havia tão pouca necessidade de ler, quando havia tão poucos livros e pergaminhos disponíveis às pessoas comuns, quando bastava ser capaz de entender as notícias públicas afixadas em edifícios públicos? Evidentemente, a Escritura Judaica (o Antigo Testamento) foi escrita e os rapazes judeus podem muito bem ter sido formados para ler a Torá. O relato de Jesus fazendo uma leitura tomada do rolo de Isaías na Sinagoga de Nazaré nos dá alguma ideia da educação judaica no século I.

Mas é uma questão real saber quantos dos discípulos mais próximos de Jesus podiam ler e ler bem.

Essa é uma situação que precisamos tentar imaginar para o início da tradição de Jesus. Por cerca de trinta ou quarenta anos, a memória do que Jesus disse e fez deve ter sido transmitida *oralmente*. Alguns estudiosos do início do século XX pensavam que as primeiras memórias eram constituídas apenas de unidades simples – memórias particulares de algo que Jesus disse ou fez. Mas não há motivo para duvidar de que elas podiam incluir sequências de ensinamentos ou de acontecimentos. E, quando histórias de Jesus eram contadas, ou seus ensinamentos eram transmitidos, evidentemente o eram muitas vezes de forma ordenada. Por isso não causa surpresa que, quando a tradição de Jesus começou a ser posta por escrito, encontramos coleções de histórias e sequências de material integrado.

O Evangelho de Marcos foi em grande parte estruturado para incluir tais sequências. Marcos (Mc 2,1-3,6) parece uma delas, que culmina no que, sob outros aspectos, seria o clímax surpreendentemente precoce na decisão dos fariseus e herodianos de abater Jesus. Ao formular isso (Mc 4,1-34), parece que Marcos conseguiu utilizar uma sequência de parábolas, sobretudo para ilustrar a teoria das parábolas que ele apresenta (Mc 4,11-12). Novamente, ao compor o livro (Mc 4,35-6,52), parece que Marcos conseguiu usar memórias de uma sequência de milagres que, de acordo com as lembranças, Jesus realizou em torno do Lago da Galileia. E há um consenso geral entre os estudiosos do Novo Testamento de que as memórias da última semana de Jesus, que culminou com sua crucifixão, já deviam estar bem estabelecidas e ordenadas antes de Marcos escrever sua narrativa da paixão (Mc 12,1-15,47).

Quem examina uma sinopse – ou seja, um volume em que os três Evangelhos (Mateus, Marcos e Lucas) foram dispostos em colunas paralelas[38] – não pode deixar de surpreender-se com o quanto os três Evangelhos se aproximam um do outro. Muitas vezes utilizo a expressão "as mesmas, no entanto diferentes" para salientar o fato de que as tradições recontadas em forma escrita nesses Evangelhos são as mesmas, embora agrupadas de maneira um tanto diferente, editadas até certo ponto e destinadas (presumivelmente) a situações e preocupações diferentes dos três autores e das comunidades para as quais eles escreveram. A maioria dos estudiosos que se especializaram no tema concorda que Marcos foi possivelmente o primeiro Evangelho a ser escrito, provavelmente no final dos anos 60 ou no início dos 70, e que Marcos foi utilizado por Mateus e Lucas uma ou duas décadas mais tarde. Com efeito, grande parte do material de Marcos foi reutilizado por Mateus em particular, o que causa certa surpresa o fato de Marcos ter sido conservado como um Evangelho separado. O motivo pode ser simplesmente a forte tradição de que Marcos atuou como secretário de Pedro e que foram as memórias e a pregação de Pedro que ele pôs por escrito.

Aqui deveríamos incluir a sólida opinião entre a maioria dos estudiosos de que, assim como Marcos, os dois outros evangelistas, Mateus e Lucas, conseguiram valer-se de outra fonte. Isso é assinalado pela grande quantidade de material não marcano presente em Mateus e Lucas, que é mais ou menos o mesmo. O material não marcano comum a Mateus e Lucas tornou-se conhecido como Q, uma abreviação imaginativa do termo alemão *Quelle* (fonte). Um dos grandes debates, e até hoje não resolvido nos estudos dos Evangelhos, é o quanto da Q já estava escrito. Foram Mateus e Lucas capazes de servir-se de uma única coleção escrita do ensino de Jesus para seu material não marcano? A dependência de uma fonte

---

38. "Sinopse", literalmente "vistos juntos".

escrita é clara, numa passagem como Mateus 3,7-10.12 || Lucas 3,7-9.17. Mas, em outros lugares, o acordo entre Mateus e Lucas pode chegar apenas a 8%. Por isso é bem possível que, num número considerável de casos, Mateus e Lucas utilizaram diferentes relatos orais dos mesmos acontecimentos e ensinamentos. Aqui novamente, portanto, o grau de variação no material sinótico mostra como era variada a tradição de Jesus – a mesma, no entanto diferente. É muito importante observar que, seja qual for a forma que o documento Q tomou, ele não foi conservado como tal. Recontou-se o ensino de Jesus, mas Jesus não seria lembrado simplesmente como um grande mestre. Por isso Q foi valorizada e seu material conservado apenas enquanto integrado na tradição evangélica escrita.

Marcos

Foi Marcos que nos deu o Evangelho *escrito*. Com efeito, é a Marcos que deveríamos atribuir a ideia de um "evangelho" como um relato do ministério, da morte e da ressurreição de Jesus. Antes de Marcos, Paulo havia assumido um termo mais usado no plural para referir-se às atividades do imperador[39]. Paulo enfocou a atenção no singular – a boa nova – e a utilizou para resumir a boa nova da morte e ressurreição de Jesus. Com efeito, ele estava dizendo ao público romano mais amplo que *a* boa nova, *o* evangelho, não se referia a César, mas a Jesus.

Todavia, é Marcos que introduz o termo "evangelho" (*euangelion*) na própria tradição de Jesus. Ele emprega o termo sete vezes, enquanto o Evangelho segundo Mateus mais longo o usa apenas quatro vezes e Lucas e João não o fazem. O que é notável é que o uso de Marcos parece ser coerentemente seu – muito particularmente no próprio início de seu relato:

---

39. Cf. capítulo 5 desta obra.

Marcos 1,1	"Início do evangelho de Jesus Cristo".
Marcos 1,14-15	"Jesus veio para a Galileia, proclamando o evangelho de Deus [...]: 'arrependei-vos e crede no evangelho'"[40].

Nas palavras de abertura de Marcos, com efeito, vemos ocorrer a transição do evangelho como a boa nova da morte e ressurreição de Jesus para o sentido agora mais familiar do evangelho como a boa nova de toda a missão de Jesus, que culmina em sua morte e ressurreição. É a Marcos que devemos essa compreensão e uso da palavra "evangelho".

Convém observar alguns traços essenciais do Evangelho de Marcos, três em particular.

Narrativas da paixão com uma introdução

Numa famosa nota de rodapé, Martin Kähler descreveu os Evangelhos como "narrativas da paixão com extensas introduções" (Kähler, 1964). Isso vale particularmente para o Evangelho de Marcos e ajuda a explicar como ocorreu a transição no sentido do termo "evangelho".

A adequação da descrição de Kähler é mostrada por vários traços presentes no Evangelho de Marcos:

• O longo clímax, a última semana do ministério de Jesus, recebe essa proeminência (Mc 11,1-16,8);

• As três predições da paixão dominam os três capítulos que iniciam a segunda metade do Evangelho (Mc 8,31; 9,31; 10,33-34). Por exemplo, Marcos (9,31): "O Filho do homem será

---

40. O sublinhado indica que as palavras destacadas são exclusivas de Marcos, que também não hesitou em acrescentar a palavra em outros lugares para elaborar a tradição de Jesus e reforçar a força do evangelho exposta em seu livro: Marcos (8,35) – "Quem perder sua vida por amor de mim e pela causa do evangelho, será salvo"; Marcos (10,29) – "Quem deixou casa [...] por causa de mim e por causa do evangelho receberá cem vezes mais".

entregue nas mãos dos homens e eles o matarão; mas depois de três dias ele ressuscitará";

• Sumamente impressionantes são as antecipações precoces do clímax do Evangelho: "Virão os dias em que o noivo lhes será tirado" (Mc 2,20); "Os fariseus [...] conspiraram [...] contra ele, sobre a maneira de destruí-lo" (Mc 3,6); "O cálice que eu beber [e] [...] o batismo com que serei batizado" (Mc 10,39); e a parábola da vinha arrendada a vinhateiros (Mc 12,1-12).

A descrição de Kähler é bem justificada.

O segredo messiânico

No início do século XX, William Wrede chamou a atenção para um traço fascinante do Evangelho de Marcos que ele denominou "o segredo messiânico" (Wrede, 1971). Os traços particulares do Evangelho para os quais Wrede chamou a atenção e que proporcionaram a justificativa para seu uso da expressão eram numerosos e muito impressionantes. Considerados individualmente, podem não totalizar uma grande soma. Mas tomados em conjunto, incorporam um argumento forte.

Um traço que impressiona imediatamente são as *ordens de silêncio* dadas por Jesus; isso implica que Jesus não queria que sua atividade – ou melhor, o significado dessa atividade – fosse conhecida mais amplamente, já que presumivelmente chegaria aos ouvidos das autoridades, e elas poderiam intervir mais cedo do que ele desejava.

Marcos 1,34	"[Jesus] não permitia que os demônios falassem, pois os conhecia".
Marcos 1,44	Jesus ordenou ao leproso curado: "Olha, não digas nada a ninguém".
Marcos 3,12	"Ele [Jesus] proibia severamente que [os espíritos impuros] o tornassem conhecido".

Marcos 5,43	"Ele [Jesus] recomendou rigorosamente" aos que vieram lamentar a morte da filha de Jairo que "ninguém viesse a saber" de sua reintegração na vida ativa plena.
Marcos 8,30	Após Pedro confessar que Jesus era o Messias, "ele [Jesus] proibiu severamente [aos discípulos] falar sobre ele a quem quer que fosse".
Marcos 9,9	De maneira semelhante, depois de Pedro, Tiago e João testemunharem sua presença transfigurada numa montanha, junto com Moisés e Elias, "ele [Jesus] ordenou-lhes que não contassem a ninguém sobre o que haviam visto".

Provavelmente deveríamos situar na mesma categoria o repetido *desejo* de Jesus *de permanecer escondido*, longe das multidões – evidente em diversas passagens. Observemos as seguintes:

Marcos 1,35	De manhã bem cedo Jesus "saiu para um lugar deserto, e ali se pôs em oração".
Marcos 6,45-46	Jesus "mandou seus discípulos entrar no barco e seguir para a outra margem". Depois de despedir a multidão, "ele se retirou para o monte a fim de rezar"[41].

Igualmente impressionante, pela mesma razão, é o número de ocasiões em que Jesus é lembrado *curando em particular*:

Marcos 5,37.40	Na cura da filha de Jairo, "ele [Jesus] não deixou ninguém acompanhá-lo, a não ser Pedro, Tiago e João".
Marcos 7,33	"Ele levou [o surdo] à parte, longe da multidão", e o curou.
Marcos 8,23	"Ele tomou o cego pela mão e o levou para fora do povoado" e o curou.

O outro traço impressionante do Evangelho de Marcos, observado por Wrede em conexão com isso, é o número de ocasiões

---

41. Cf. também: Mc 1,45 e 3,7.9.

em que Marcos enfatiza que Jesus deu a seus discípulos *instrução em particular.*

Marcos 4,34	"Ele não falava [às multidões] senão em parábolas, mas em particular explicava tudo a seus discípulos".
Marcos 7,17	"Quando deixou a multidão e entrou em casa, seus discípulos lhe perguntaram acerca da parábola".
Marcos 9,28	Após a cura do rapaz epiléptico, Jesus "entrou em casa", onde "seus discípulos lhe perguntaram em particular".
Marcos 13,3	No Monte das Oliveiras, "Pedro, Tiago, João e André perguntaram-lhe em particular"[42].

Por isso o realce dado por Wrede (1971), ao que parece ser uma ênfase coerente no Evangelho de Marcos, é bem justificado.

A conclusão de Marcos

Um dos traços mais impressionantes do Evangelho de Marcos é sua conclusão. No domingo seguinte à crucifixão de Jesus, a história do sepulcro vazio é deixada sem solução. Só nos resta a promessa do misterioso "jovem" encontrado sentado no túmulo vazio (um anjo ou o próprio Marcos?) para confortar as mulheres que fizeram a perturbadora descoberta. A garantia foi que Jesus fora ressuscitado (dos mortos) e os precederia na Galileia, onde eles o veriam (Mc 16,7).

E isso é tudo! O Evangelho termina então de forma inesperada. Aparentemente contentes com a promessa que acaba de lhes ser dada, as mulheres "saíram do sepulcro e fugiram apavoradas e um estupor se apoderara delas; e não disseram nada a ninguém, porque estavam com medo" (Mc 16,8).

---

42. Cf. também: Mc 6,31-32 e 9,2.

Ao que parece foi assim que Marcos pretendeu terminar o seu Evangelho – uma descoberta devastadora (o túmulo vazio); uma promessa um tanto enigmática de um "jovem" estranho, não identificado; e o afastamento das mulheres do túmulo, cheias não de alegria, mas receosas e pavorosas! Não causa surpresa que a conclusão de Marcos tenha sido considerada por alguns (ou por muitos!) inadequada, e foram feitas tentativas de proporcionar uma conclusão mais satisfatória, mais positiva. Duas conclusões alternativas, uma mais curta e uma mais longa, foram acrescentadas posteriormente e aparecem na maioria das traduções. Mas não resolvem a questão do motivo por que o próprio Marcos concluiu seu Evangelho da maneira como o fez. Evidentemente, Marcos devia saber que os grupos domésticos e as congregações onde seu Evangelho era lido conheciam a história mais completa. E talvez Marcos tenha escrito, na verdade, para estimular essas assembleias a dar continuidade à história com relatos de aparições da ressurreição e de suas próprias experiências do Cristo ressuscitado. Mas a maneira como ele concluiu seu Evangelho continua sendo uma espécie de enigma.

Mateus

Mateus assimilou quase inteiramente Marcos em seu Evangelho; mas, elaborando-o com material Q e reestruturando a ordem e agrupando a tradição, produziu uma maneira muito diferente de contar a boa nova (evangelho) de Jesus.

Estrutura

Os traços característicos mais óbvios são imediatamente manifestos. Mateus começa seu Evangelho fazendo o início de seu relato acerca de Jesus recuar do batismo de Jesus até seu nascimento (Mt 1-2). E proporciona também uma conclusão melhor (Mt 28,1-20). Novamente, embora Marcos tenha enfatizado o papel de Jesus como mestre, Mateus providenciou mais ensinamentos. Também não se deveria deixar escapar que Mateus inseriu o ensino de Jesus em cinco "sermões" em Mt 5,3-7,27; 10,5-42; 13,3-52; 18,1-35; e 24,2-25,46. O que sinaliza os "sermões" é a maneira como Mateus os conclui:

Mateus 7,28	"Ao terminar Jesus estas palavras".
Mateus 11,1	"Quando Jesus terminou de instruir seus doze discípulos".
Mateus 13,53	"Quando Jesus terminou estas parábolas".
Mateus 19,1	"Quando Jesus terminou de dizer estas coisas".
Mateus 26,1	"Quando Jesus terminou todos estes discursos".

Cristologia

O mais impressionante é a maneira como Mateus desenvolve a cristologia de seu Evangelho, muito além da de Marcos. Para Mateus, Jesus não só traz a sabedoria de Deus, como também encarna a presença divina. Isso se torna claro em diversas passagens exclusivas de Mateus. Assim muito claramente em seu capítulo de abertura: "A virgem conceberá e dará à luz um filho, e o chamarão de 'Emanuel', que significa 'Deus conosco'" (Mt 1,23). Ainda mais ousada é a maneira como Mateus identifica Jesus com a Sabedoria divina – sendo a Sabedoria a figura que, no livro dos Provérbios e na literatura sapiencial de Israel, representa uma maneira de falar da presença divina. Dessa forma, no início do capítulo 11, numa passagem novamente característica de seu Evangelho, Mateus observa que "João, que se encontrava na prisão, ouviu falar das *obras do Messias*" (Mt 11,2); e conclui a história seguinte com uma citação a Jesus referindo-se à característica distintiva de seu ministério com a afirmação de que "a Sabedoria é justificada por suas *obras*" (Mt 11,19). Igualmente impressionante é a alusão que, de acordo com Mateus, só Jesus faz a uma famosa passagem da literatura sapiencial de Israel:

Eclesiástico 51,25-26	"Comprai a sabedoria para vós. [...] Ponde vosso pescoço sob seu jugo".
Mateus 11,29	"Tomai sobre vós o meu jugo e aprendei de mim".

O jugo da Sabedoria é agora o jugo de Jesus! Também igualmente impressionante é o fato de que, enquanto Lucas (11,49) recorda Jesus dizendo: "A Sabedoria de Deus disse: 'Vou enviar-lhes profetas e apóstolos, alguns dos quais eles matarão e perseguirão'"; Mateus (23,34) atribui as palavras da Sabedoria ao próprio Jesus. Jesus diz: "Eu vos envio profetas [...] alguns dos quais matareis".

O cumprimento da expectativa judaica

Outro traço notável da cristologia de Mateus é até que ponto ele chega ao apresentar a vinda e o ministério de Jesus como o cumprimento da expectativa judaica. Todas as citações escriturísticas são apresentadas com uma clara sugestão de uma profecia cumprida – tipicamente: "Tudo isto aconteceu para cumprir o que foi dito pelo Senhor através do profeta".

Mateus 1,23	"A virgem conceberá e dará à luz um filho" (Is 7,14).
Mateus 2,15	"Do Egito chamei meu filho" (Os 11,1).
Mateus 2,23	"Será chamado nazareno" (fonte desconhecida).
Mateus 4,14-16	"O povo que estava sentado nas trevas viu uma grande luz" (Is 8,23-9,1).
Mateus 8,17	"Ele levou nossas enfermidades e carregou nossas doenças" (Is 53,4).
Mateus 12,18-21	"Este é meu servo, que escolhi, meu bem-amado, a quem minha alma se afeiçoou. Farei repousar sobre ele meu Espírito" (Is 42,1-4).

Pode-se até argumentar que Mateus procurou apresentar Jesus como *novo Moisés*. Essa é presumivelmente a implicação da identificação de Jesus com o êxodo de Israel do Egito na passagem que acabamos de citar: "Do Egito chamei meu filho" (Mt 2,15). O fato já observado de que Mateus agrupou os ensinamentos de Jesus em cinco blocos sugere que Mateus quis que sua apresentação do ensino de Jesus fosse vista como um eco ou cumprimento dos cinco livros de Moisés. E dificilmente podemos deixar de observar a passagem, exclusiva de Mateus, na qual Jesus afirma vigorosamente a lei.

> Não penseis que vim abolir a Lei ou os Profetas. Não vim abolir, mas completar. Eu vos garanto: enquanto não passar o céu e a terra, não passará um *i* ou um pontinho da Lei, sem que tudo se cumpra. [...] Pois eu vos digo: se a vossa justiça não for maior do que a dos escribas e fariseus, não entrareis no reino dos céus (Mt 5,17-20).

Será que Paulo reconheceu esse ensinamento? Será que ele o aceitou? Quantas vezes meu desejo é ter podido escutar secretamente alguns dos primeiros debates cristãos – sobretudo nesse caso e em referência à lei e à sua validade duradoura para os seguidores de Jesus.

Foco em Israel

Outro traço impressionante de Mateus é que para ele o foco do ministério de Jesus era o próprio Israel. Particularmente notáveis são as passagens exclusivas de Mateus, indicadas pelo sublinhado:

Mateus 1,21	"Ele salvará seu povo de seus pecados".
Mateus 2,6	"De ti, Belém, sairá um chefe que apascentará meu povo Israel".

Mateus 10,5-6	"Não andeis no meio dos gentios, [...] mas ide antes às ovelhas perdidas da casa de Israel".
Mateus 15,24	"Não fui enviado senão para as ovelhas perdidas da casa de Israel".
Mateus 19,28	Jesus e seus discípulos julgarão "as doze tribos de Israel" (Lc 22,30).

Ao mesmo tempo, deveríamos observar a abertura e a afirmação do próprio Mateus de que a missão dos discípulos de Jesus incluía os gentios.

Mateus 1,3-6	Não se deveria deixar de notar que a genealogia de Jesus na abertura do Evangelho de Mateus inclui nominalmente três mulheres – Tamar, Raab e Rute –, todas elas gentias.
Mateus 3,9	João Batista é recordado pregando: "Não tomeis a liberdade de dizer a vós mesmos: 'Temos Abraão como nosso ancestral'".
Mateus 8,11-12	Jesus lembra aos seus ouvintes que "muitos virão do Oriente e do Ocidente e comerão com Abraão e Isaac e Jacó no reino dos céus, enquanto os herdeiros do reino serão lançados fora, na escuridão".
Mateus 21,43	Mateus termina a parábola dos lavradores malvados advertindo que "o reino de Deus vos será tirado e dado" a outros.
Mateus 22,8-9	A parábola da festa de casamento é igualmente um presságio, com sua advertência de que os que rejeitaram o convite para as bodas serão substituídos por outros.

Mateus confirma que o evangelho se destina a todas as nações (Mt 24,14, assumindo Mc 13,10) e termina seu Evangelho com a ordem de Jesus a seus discípulos: "Ide [...] e fazei discípulos meus todos os povos" (Mt 28,19). Evidentemente, Mateus não quis que fosse esquecido que Jesus considerou sua missão destinada sobretudo a seu próprio povo. Mas estava preocupado igualmente em observar que Jesus advertiu a não dar demasiada importância ao fato, já que sua morte e ressurreição abria o evangelho a todos os povos.

Reafirmação da Lei

Já observamos a vigorosa reafirmação da lei pelo Jesus de Mateus (Mt 5,17-20). Particularmente impressionante é seu registro das advertências de Jesus contra a *anomia*, "ausência de lei". Essas advertências ocorrem diversas vezes em Mateus[43] e, particularmente, são exclusivas desse Evangelho em questão. Decerto ele lembra Jesus aperfeiçoando a lei, mas dificilmente teria aceitado que Jesus revogasse a lei de Moisés.

Com efeito, um dos traços principais do Evangelho de Mateus é que ele registra Jesus reafirmando e redefinindo a lei em disputa com vários fariseus. Assim, o Sermão da Montanha aperfeiçoa as leis sobre o assassinato (Mt 5,21) e o adultério (Mt 5,27-28). Ele lembra Jesus redefinindo e resumindo "a lei e os profetas" com a "regra de ouro": "Tudo o que desejais que os outros vos façam, fazei-o também vós a eles" (Mt 7,12). Ele recorda Jesus resumindo, em duas ocasiões, a lei nas palavras de Oseias 6,6: "Quero misericórdia e não sacrifícios" (Mt 9,13; 12,7). Todos esses casos não têm paralelo e são característicos de Mateus. Além disso, Mateus registra Jesus priorizando, em termos de pureza, aquilo que sai da boca em vez daquilo que entra pela boca (Mt 15,17-20). Marcos insiste nesse ponto dizendo que "assim Jesus declarava puro todo alimento", mas Mateus sustenta que Jesus apenas relativizou as leis do puro e impuro. Novamente Mateus não hesita em lembrar Jesus resumindo "toda a lei e os profetas" no duplo mandamento: primeiro, amar a Deus com todo o teu ser e, segundo, amar teu próximo como a ti mesmo (Mt 22,37-40). Caracte-

---

43. Mt 7,23; 13,41; 23,28; 24,12.

rística de Mateus é sua recordação de que Jesus condena os escribas e os fariseus por desconsiderar a lei e dar mais peso à aparência exterior (Mt 23,2-5). Seu registro de Jesus condenando-os como "serpentes" e "raça de víboras" (Mt 23,33) reflete presumivelmente a tensão que deve ter se consolidado entre os seguidores judeus de Jesus e os mestres judeus. Embora não devamos esquecer Mateus 24,20, em que Jesus insiste que seus discípulos rezem, em caso de catástrofe, "para que vossa fuga não aconteça no inverno nem no sábado". É difícil escapar da sensação de que pelo menos algumas dessas passagens refletem as tribulações que os discípulos de Jesus enfrentaram posteriormente no século I.

Lucas

Lucas demonstra ainda mais claramente do que Mateus que a mesma história (de Jesus) pode ser contada de maneira diferente. Uma ilustração viva é o fato de que só Lucas registra algumas das parábolas mais duradouras de Jesus: por exemplo, o bom samaritano (Lc 10,25-37); o filho pródigo (Lc 15,11-32); o homem rico e Lázaro (Lc 16,19-31); e o fariseu e o cobrador de impostos (Lc 18,9-14). Outros traços fazem Lucas sobressair entre os Evangelhos.

Ungido pelo Espírito

Lucas enfatiza o Espírito – o sublinhado indicando material exclusivo de Lucas:

Lucas 1,15	Ainda antes do seu nascimento: "Ele [o Batista] estará cheio do Espírito Santo".
Lucas 1,35	"O Espírito Santo virá sobre ti [Maria] [...]; por isso o menino que nascer será santo; ele será chamado Filho de Deus".

Lucas 1,67	"Zacarias [o pai do Batista] se encheu do Espírito Santo e profetizou dizendo: [...]".
Lucas 2,25-27	"O Espírito Santo estava nele [Simeão]. Fora-lhe revelado pelo Espírito Santo". Ele "fora guiado pelo Espírito".
Lucas 4,1.14	"Cheio do Espírito Santo, Jesus voltou do rio Jordão e foi levado pelo Espírito [para ser tentado]".
Lucas 4,18	"O Espírito do Senhor está sobre mim e me ungiu para anunciar a boa nova aos pobres".
Lucas 10,21	"Jesus alegrou-se no Espírito Santo e disse [...]" (Mt 11,27)[44].

Nisso, evidentemente, Lucas tinha sem dúvida a intenção de escrever um segundo volume, narrando o início do movimento de Jesus ou cristão que se seguiu à morte e à ressurreição de Jesus. Nesse volume, como veremos, o Espírito Santo foi o ator mais proeminente, a começar por Pentecostes, o poder inspirador que impulsionou com grande sucesso a primeira missão dos discípulos de Jesus. Não causa surpresa, portanto, que Lucas, ao recontar a história evangélica deixada por Marcos, aproveitou a oportunidade para salientar o quanto o ministério do próprio Jesus ocorreu por instigação do Espírito de Deus e o quanto estava dotado com o poder do mesmo Espírito. Particularmente, Lucas não acrescentou ao próprio relato marcano muitas referências ao Espírito, mas certamente se deu ao trabalho de afirmar que os nascimentos do Batista e de Jesus foram saudados pelo Espírito e que a unção de Jesus pelo Espírito foi um traço forte dos inícios do ministério de Jesus.

Missão aos pecadores

Igualmente notável e característica é a ênfase de Lucas no fato de que a missão de Jesus se destinava aos *pecadores* –

---

44. Cf. também Lc 1,17; 11,13.

o sublinhado indica novamente material que se encontra apenas em Lucas:

Lucas 5,8	Simão Pedro diz: "Afasta-te de mim, Senhor, porque sou um homem pecador!"
Lucas 5,30.32	Em resposta à crítica de que comia e bebia com pecadores, Jesus responde: "Eu vim chamar os pecadores [...] ao arrependimento".
Lucas 7,34	"Veio o Filho do homem, que come e bebe, e vós dizeis: 'Olhem! [...] um amigo de cobradores de impostos e pecadores!'"
Lucas 7,37-38	Jesus é ungido por uma mulher "que era uma pecadora".
Lucas 15,2	Jesus é criticado por fariseus e escribas: "Este homem acolhe os pecadores e come com eles".
Lucas 15,7, conferir Lucas 15,10	"No céu haverá mais alegria por um pecador que se arrepende do que por noventa e nove pessoas justas".
Lucas 18,13	Na parábola do fariseu e do cobrador de impostos, o último reza: "Deus, tem piedade de mim, pecador!"
Lucas 19,7	Quando Jesus se convida para a casa de Zaqueu, a multidão murmura: "Ele foi hospedar-se na casa de um pecador".

Aqui é de interesse o fato de que Lucas não usa a palavra "pecador" em seu segundo volume (Atos). Por isso é difícil dizer que ele focalizou esse aspecto da missão de Jesus porque era um traço muito proeminente da primeira missão dos apóstolos. Igualmente impressionante é o fato de que, no Evangelho de Lucas, o termo "pecador" aparece com muito mais frequência do que nos outros Evangelhos Canônicos[45]. Sendo assim, claramente, Lucas viu isso como um aspecto muito importante do ministério de Jesus e serviu-se da tradição de Je-

---

45. "Pecador" aparece dezoito vezes em Lucas, seis em Marcos, cinco em Mateus e quatro em João.

sus para realçar a importância desse aspecto. Com efeito, do relato de Lucas aparece que Jesus insistiu em associar-se aos religiosa (e socialmente) inaceitáveis e de fato os procurou. Essa prática mostra tão claramente quanto qualquer coisa dita por Jesus que, para ele, sua missão ou sua responsabilidade para com os outros não eram determinadas pelas convenções sociais e religiosas do tempo – um pensamento que as instituições religiosas que brotaram de sua missão nunca deveriam esquecer.

Boa nova para os gentios

Outra ênfase de Lucas é que a boa nova de Jesus destina-se também aos gentios. Dignos de nota são novamente os traços característicos da recordação e do uso que Lucas faz da tradição de Jesus.

Lucas 2,29-32	Profecia de Simeão acerca do menino Jesus: "[...] uma luz para iluminar os gentios [...]".
Lucas 3,6	Lucas insiste em estender a citação que o Batista faz de Is 40,3-5 até o fim: "[...] e toda a carne verá a salvação de Deus".
Lucas 4,26-27	Lucas amplia o relato do sermão de Jesus em Nazaré para lembrar aos ouvintes que Elias só foi enviado a uma viúva em Sarepta, e Elias curou apenas Naamã o Sírio.
Lucas 10,25-37	A parábola do Bom Samaritano.
Lucas 17,11-19	A cura de dez leprosos, dos quais só o samaritano retorna para agradecer a Jesus.

Como ocorre com sua ênfase no Espírito, o Evangelho de Lucas prepara para a ênfase maior de seu segundo volume, particularmente a missão de Saulo/Paulo, que Lucas enfatiza três vezes[46]. Era sem dúvida fundamental para Lucas que a

---

46. At 9,15; 22,15; 26,17-18.

grande expansão do movimento de Jesus para os gentios, que ele registraria e da qual faria parte, fosse totalmente coerente com a missão do próprio Jesus. A comparação de Mateus e Lucas levanta especulações interessantes acerca do que os autores teriam dito um ao outro quanto à versão do evangelho feita pelo outro.

Oração frequente

Um dos traços mais interessantes do Evangelho de Lucas é a proeminência que se dá ao fato de Jesus *rezar* frequentemente. Só ele observa que a descida do Espírito sobre Jesus ocorreu quando Jesus "havia sido batizado e estava rezando" (Lc 3,21). Apenas Lucas observa que, após a cura de um leproso, Jesus "se retirava para lugares desertos e se entregava à oração" (Lc 5,16). Só ele registra que, antes de escolher os Doze, Jesus "retirou-se para a montanha a fim de rezar; e passou a noite em oração a Deus" (Lc 6,12). Mais uma vez, somente Lucas registra que a conversação que levou à confissão de Pedro ocorreu "quando Jesus estava rezando sozinho" e "os discípulos [estavam] junto a ele" (Lc 9,18). Só Lucas registra que a transfiguração aconteceu quando Jesus "subiu à montanha para rezar"; e que foi "enquanto orava" que Jesus se transfigurou (Lc 9,28-29). Apenas Lucas apresenta a Oração do Senhor observando que foi quando Jesus "estava rezando em certo lugar" que um de seus discípulos pediu que lhes ensinasse "a rezar como João ensinou a seus discípulos" (Lc 11,1). Podemos mencionar também que só Lucas conta as parábolas do juiz injusto e do fariseu e o cobrador de impostos (Lc 18,2-14), ambas sobre a oração eficaz, e apresenta as parábolas observando que Jesus lhes falou "acerca da necessidade de rezar sempre e não desanimar" (Lc 18,1). Finalmente, apenas Lucas registra que Jesus iniciou seu tempo de oração no Getsêmani insistindo com seus discípulos: "Rezai para não entrardes em tentação" (Lc 22,40) e que "em sua angústia rezava com mais veemência" (Lc 22,44).

Evidentemente, Lucas enfatiza também que a missão dos discípulos em seu segundo volume era igualmente marcada pela oração – inclusive, por exemplo, a escolha do duodécimo discípulo para substituir Judas (At 1,24), a nomeação dos sete para assistir aos apóstolos (At 6,6), o Saulo de Tarso convertido (At 9,11), o avanço com o gentio Cornélio (At 10,9.30; 11,5), a nomeação de Barnabé e Saulo para a missão (At 13,3) e em vários pontos no trabalho missionário de Paulo[47]. Está claro, portanto, que para Lucas era impossível conceber o trabalho missionário sem oração – como está documentado não só pela missão da Igreja primitiva, mas também pela missão do próprio Jesus.

Jesus como Senhor

Um traço interessante, embora bem menos importante, é a maneira como os evangelistas se referem a Jesus como "Senhor", que, evidentemente, tem um leque de denotações, sendo utilizado regularmente no sentido de "Senhor" como título hierárquico e em referência a Deus – "o Senhor". Nos Evangelhos, Jesus é muito naturalmente designado "o senhor" ou "amo/patrão"[48], ou mais frequentemente "Senhor" como título hierárquico[49]. Além disso, "Senhor" é a conotação óbvia desde os primeiros tempos da Igreja cristã – "o Senhor Jesus", sendo uma referência comum, por exemplo, particularmente em Paulo. A implicação é que o corolário da crucifixão

---

47. At 14,23; 16,25; 20,36; 21,5; 22,17; 28,8.
48. Por exemplo: Mt 21,3; 24,42; Mc 11,3; Lc 7,13; 10,1.39.41; 11,39; 13,15; 17,5.6; 18,6; 19,8.31.34; 22,33.38.61.
49. Por exemplo: Mt 8,2.6.8.21.25; 14,28.30; 15,22.25.27; 20,30.31.33; Lc 5,8.12; 7,6; 9,54.59.61; 10,17.40; 12,41; 13,23; 17,37; 18,41.

de Jesus, ou seja, sua ressurreição e ascensão, elevou-o a um *status* que transformou o polido *kyrios*, que denota reconhecimento social de uma autoridade superior, em *Kyrios*, com sua conotação de senhorio, de um senhorio celestial, no qual o Salmo 110,1 poderia ser tomado mais ou menos literalmente[50]. Lucas merece menção aqui porque apenas ele observa que um de seus contemporâneos referiu-se a Jesus como "o Senhor", em Lucas 24,34. Poderíamos até dizer que a primeira mensagem cristã acompanhava a percepção de que Jesus não se afastara deles – quando os discípulos no caminho para Emaús se deram conta de que a pessoa que caminhara com eles desde Jerusalém era de fato o Jesus ressuscitado, e ao relatar o caso fizeram, com efeito, o que foi a primeira confissão cristã: "O Senhor ressuscitou de verdade".

Os perigos da riqueza e a preocupação com os pobres

Lucas se destaca pelas advertências contra *os perigos da riqueza* que aparecem regularmente em seu Evangelho, geralmente sua própria ênfase[51].

Lucas 1,53	Maria glorifica o Senhor: "ele encheu de bens os famintos e despediu os ricos de mão vazias".
Lucas 6,20.24	As bem-aventuranças em Lucas são características: "Bem-aventurados vós que sois pobres. [...] Mas ai de vós que sois ricos".
Lucas 12,13-21	A parábola do proprietário rural rico, mas imprevidente.
Lucas 12,33	"Vendei vossos bens e dai esmolas" (Mt 6,19).

---

50. Observe-se quantas vezes Sl 110,1 é aludido ou citado no Novo Testamento, mais do que qualquer outro versículo da Bíblia hebraica em tradução grega: Mt 22,44; 26,64; Mc 12,36; 14,62; [16,19]; Lc 20,42; 22,69; At 2,34; Rm 8,34; 1Cor 15,25; Ef 1,20; Hb 1,3.13; 8,1; 10,12. Cf. também o início do capítulo 4.
51. A palavra *plousios* (rico, opulento) aparece onze vezes em Lucas, três em Mateus, duas em Marcos e nenhuma em João.

Lucas 16,19-31	A parábola do homem rico e de Lázaro.
Lucas 18,18-25	A triste história do jovem rico, não disposto a abandonar suas posses (Mt 19,16-24 ‖ Mc 10,25)
Lucas 19,1-10	A história de Zaqueu, o rico cobrador de impostos, que culmina na doação da metade de seus bens aos pobres e na disposição de restituir o quádruplo a quem ele prejudicou.

Igualmente impressionante é a *preocupação* de Lucas *com os pobres* – o sublinhado indica novamente material exclusivo de Lucas[52].

Lucas 1,46-55	O Magnificat de Maria dá muito bem o tom: Deus "encheu de bens os famintos e despediu os ricos de mão vazias" (Lc 1,53).
Lucas 4,18	Jesus lê de Isaías na sinagoga: "O Espírito do Senhor [...] me ungiu para anunciar a boa nova aos pobres" (Is 61,1-2).
Lucas 6,20	Em certo contraste com Mt 5,3 ("Felizes os que têm espírito de pobre"), Lucas registra Jesus dizendo: "Felizes sois vós, os pobres".
Lucas 14,13	"Quando deres um jantar, convida os pobres".
Lucas 14,15-24	A parábola do grande banquete, quando os primeiros convidados recusam comparecer e são expedidos convites para "os pobres, os aleijados, os cegos e os coxos".
Lucas 16,19-31	A parábola do homem rico e de Lázaro.
Lucas 18,22	Novamente a triste história do jovem rico que fraquejou em responder à interpelação de Jesus: "Ainda te falta uma coisa. Vai e vende tudo o que tens e distribui o dinheiro ao pobres".
Lucas 19,8	A resposta de Zaqueu à intervenção de Jesus: "Vou dar a metade dos meus bens aos pobres".

---

52. A palavra "pobre" aparece duas vezes mais em Lucas do que em Mateus ou Marcos.

Novamente, de maneira um tanto impressionante, nem a palavra "pobre" nem a palavra "rico" aparecem no segundo volume de Lucas, os Atos dos Apóstolos. Por isso, mais uma vez, precisamos concluir que a ênfase no tema no Evangelho de Lucas deve refletir o fato de que isso era, na verdade, uma das principais ênfases do próprio Jesus. Por outro lado, não deveríamos deixar de observar a preocupação mostrada nas primeiras assembleias dos discípulos de Jesus com os que estavam sendo negligenciados na distribuição diária a partir da comunhão de bens (At 6,1-6; referindo-se retrospectivamente a 2,44-45). A carta de Tiago contém uma das mais incisivas passagens no Novo Testamento sobre a importância de mostrar cuidado e respeito adequados para com os pobres (Tg 2,1-7). Também não deveríamos esquecer que Paulo deu grande importância à coleta que estava fazendo, entre as novas Igrejas que ele havia estabelecido, para "os pobres entre os santos em Jerusalém" (Rm 15,26) – uma ênfase coerente no ministério de Paulo para tentar assegurar a unidade de todas as Igrejas emergentes (Gl 2,10; 2Cor 8-9). É sensato lembrar que foi a determinação de Paulo de entregar essa coleta em Jerusalém que resultou em sua prisão e terminou com sua morte. Essa preocupação com os pobres entre os discípulos de Jesus estava evidentemente bem arraigada no Antigo Testamento. Mas quem pode duvidar que Jesus foi lembrado pelos primeiros cristãos por reforçar essa preocupação e sua prioridade entre os crentes?

O papel das mulheres

Por fim, certamente não é inapropriado observar que Lucas realça o papel das mulheres na vinda de Jesus ao mundo e entre seus discípulos.

Lucas 1,25.46-55	A proeminência dada à mãe do Batista (Isabel) e à mãe de Jesus (Maria) é impressionante.
Lucas 8,2-3	Só Lucas menciona <u>as mulheres que eram os apoios de Jesus</u>.
Lucas 10,38-42	Só Lucas conta a história de <u>Marta e Maria</u>.
Lucas 18,2-5	Só Lucas relata <u>a parábola do juiz injusto que sucumbe à importunação de uma mulher</u>.
Lucas 23,27-29	Só Lucas registra as palavras de Jesus às mulheres que lamentavam enquanto Jesus era levado ao Gólgota: <u>"Filhas de Jerusalém [...] chorai por vós mesmas e por vossos filhos"</u>.

Aqui convém observar a proeminência de mulheres entre várias equipes missionárias de Paulo. Com efeito, como já foi observado, um cálculo feito a respeito dos vários colegas e companheiros de Paulo na missão revela que cerca de 20% desses colegas eram mulheres – um fato extraordinário para seu tempo. A lista de saudações que Paulo elabora em Romanos 16 ilustra bem isso. A questão precisa de alguma ênfase em vista da impressão comum de que Paulo era antipático ao ministério das mulheres. Por isso é preciso reafirmar que, num tempo em que o papel das mulheres no ministério e na missão era mínimo, as equipes missionárias de Paulo eram excepcionais. E de onde obteve Paulo essa perspectiva e plano de ação em desacordo com seu tempo? Onde senão em Jesus e no exemplo que ele estabeleceu?

* * *

Convém realçar alguns pontos importantes que surgem do que vimos anteriormente. Em primeiro lugar, o ministério e o ensino de Jesus não foram postos por escrito imediatamente, nem durante seu ministério nem logo depois. Mas os trinta a quarenta anos de silêncio escrito certamente não significam que as memórias do que Jesus fez e ensinou foram perdidas ou esquecidas. Pelo contrário, a evidência da tradição sinótica é que relatos das lembranças do que Jesus fez e disse circularam e foram passados adiante em várias formas e combinações.

Em segundo lugar, a característica do que Jesus ensinou e fez aparece claramente a partir da tradição de Jesus em suas variadas formas. "O mesmo, porém diferente" resume a característica gêmea da tradição sinótica. Em resumo, a tradição de Jesus dá uma clara impressão em duas direções – a impressão/impacto causado por Jesus em seus discípulos e as diferentes maneiras como as memórias do ministério de Jesus foram transmitidas a novos discípulos e Igrejas.

Em terceiro lugar, o termo sucinto "evangelho" foi reivindicado por Paulo para o movimento cristão a fim de designar sua mensagem central, e recebeu de Marcos seu significado cristão técnico. Se "evangelho" como um termo cristão é definido por Marcos como a história do ministério de Jesus, que culmina em sua morte e ressurreição, então é melhor descrever seus usos ulteriores, por exemplo no Evangelho de Tomé, como impróprios.

Em quarto lugar, particularmente moldando sua contação da história do ministério de Jesus como uma revelação do "segredo messiânico" de Jesus, Marcos acrescentou um condimento ao que de outro modo poderia ter sido um relato mais prosaico. E sua conclusão da história, deixando o ouvinte um tanto na expectativa, ajudou presumivelmente a trazer um público ouvinte à própria experiência do Jesus ressuscitado.

Em quinto lugar, a recontação do Evangelho de Marcos por Mateus mostra como a tradição de Jesus era adaptável – como diferentes ênfases podiam ser salientadas a partir da mesma tradição. No caso de Mateus, as ênfases parecem ter sido dadas para tornar seu Evangelho mais atraente aos públicos judaicos – os cinco blocos do ensino de Jesus que espelham os cinco livros de Moisés, a cristologia sapiencial, a ênfase em

Jesus como o cumprimento da expectativa judaica, o foco na missão de Jesus em Israel e a reafirmação da lei. É essa sensação de continuidade de Jesus com o que aconteceu antes na condução de Israel por Deus que mais marca o Evangelho de Mateus e o torna característico entre os documentos do Novo Testamento.

Em sexto lugar, se Mateus liga o ministério de Jesus mais firmemente às condutas de Deus com Israel no passado, Lucas assinala, com igual firmeza, o potencial da missão de Jesus para o mundo gentio. Isso é muito óbvio em sua ênfase no papel do Espírito, a ser continuada em seu segundo volume, como também na abertura do próprio Jesus aos gentios. Características de Lucas, mas também de eficaz significado para as preocupações mais amplas evidenciadas em Atos, são sua ênfase no ministério de Jesus entre os pecadores, sua observação de que Jesus deu prioridade à oração durante seu próprio ministério, a preocupação com os pobres e a importância do papel das mulheres no ministério de Jesus.

Jesus segundo Marcos, Mateus e Lucas topa certamente com o mesmo Jesus, mas o mesmo Jesus impactando vigorosamente diferentes pessoas e diferentes situações. Que tal se tivesse sido conservado na memória das primeiras Igrejas um único Evangelho – dando a impressão de que havia uma única maneira aceitável de contar a história do ministério de Jesus, de que havia uma única maneira de seus ensinamentos serem conservados e transmitidos corretamente? Felizmente, o ministério de Jesus foi contado de maneiras diversas desde o início, sobretudo para que fosse mantida a diversidade de seu apelo.

3

Jesus de acordo com João

É natural supor que o Evangelho de João está contido no Novo Testamento exatamente como os outros três Evangelhos. Natural porque estão contando a história da mesma vida – o ministério de Jesus. Mas, quando o Evangelho de João é disposto em colunas paralelas com os três outros (Mateus, Marcos e Lucas), torna-se imediatamente evidente que João é diferente dos outros. Como já observamos, com os sinóticos – Mateus, Marcos e Lucas – os paralelos são muito próximos. Excetuados os dois capítulos de abertura de Mateus e Lucas, o grau de sobreposição nos três, muitas vezes paralelos quase palavra por palavra, é muito impressionante. Uma das experiências mais interessantes de meus primeiros tempos de estudo erudito foi a de sublinhar os paralelos entre os sinóticos – o vermelho indicando onde Mateus e Lucas parecem ter copiado Marcos; o azul para as correspondências não marcanas entre Mateus e Lucas, geralmente referidas como Q; e o amarelo para passagens características de cada Evangelho. Por isso são chamados Sinóticos, porque podem muito facilmente ser "vistos em conjunto".

Mas com João é diferente. João está contando a mesma história, da mesma pessoa. Porém a está contando de maneira diferente.

Por exemplo, logo no começo João indica que os milagres de Jesus deveriam ser considerados "sinais", apontando o significado do operador de milagres. Assim o primeiro milagre registrado, a transformação da água em vinho (Jo 2,1-10), é finalizado observando que esse foi "o primeiro dos seus sinais [...] e manifestou sua glória" (Jo 2,11). As referências seguintes aos "sinais" de Jesus (Jo 2,23; 3,2; 4,54) reforçam a particularidade de João de que não estava apenas contando a história de obras poderosas realizadas por Jesus, mas prolongando o significado do que Jesus fez e disse[53]. Com efeito, João propõe a mesma ideia, anexando regularmente longos discursos a seus relatos dos milagres realizados por Jesus. Assim, por exemplo, a alimentação dos cinco mil leva ao longo discurso sobre o pão da vida (Jo 6); a cura do cego leva ao discurso de Jesus sobre a cegueira e a visão (Jo 9); e a ressurreição de Lázaro é integrada ao discurso sobre a vida eterna (Jo 11).

Quando João é comparado com os Sinóticos, um traço impressionante é que João não contém verdadeiras parábolas; o que mais se aproxima de uma parábola é a passagem em que Jesus é lembrado dizendo "eu sou a videira verdadeira" (Jo 15,1-6). Com efeito, são os ditos "Eu sou" que parecem funcionar como equivalentes de João às parábolas sinóticas.

João 6,35	"Eu sou o pão da vida".
João 8,12	"Eu sou a luz do mundo".
João 8,58	"Antes que Abraão existisse, eu sou".
João 10,11	"Eu sou o bom pastor".
João 11,25	"Eu sou a ressurreição e a vida".
João 14,6	"Eu sou o caminho, a verdade e a vida".
João 15,1	"Eu sou a videira verdadeira".

---

53. Cf. também Jo 6,2.14.26; 7,31; 9,16; 11,47; 12,18.37; 20,30. Por isso, Dodd (2003), em sua famosa obra *A interpretação do Quarto Evangelho*, denominou João 2-12 "o Livro dos sinais".

É um fato impressionante que esses ditos "Eu sou" só aparecem no Quarto Evangelho. É quase impossível acreditar que eles existiram na tradição de Jesus, ditos em que Jesus foi recordado falando acerca de si mesmo, e, no entanto, os três evangelistas sinóticos os ignoraram completamente. A explicação muito mais óbvia é que esses foram ditos atribuídos a Jesus por João, não porque ele foi recordado proferindo-os, mas porque salientavam o significado de Jesus e de seu ministério mais do que qualquer outra coisa na tradição de Jesus, confirmando o significado de seu ministério e milagres.

Assim, a conclusão óbvia a tirar em relação a João é que, diferentemente dos autores dos Sinóticos, ele *não* estava procurando apresentar um relato mais ou menos objetivo do ministério de Jesus. De preferência, procurou salientar o *significado* do ministério de Jesus e de sua morte e ressurreição. O que é importante, quando comparamos os chamados evangelhos que se seguiram nos séculos II e III, é que João manteve o formato de Evangelho, estabelecido por Marcos, começando com João Batista e culminando na crucifixão e ressurreição de Jesus. Mas seu Evangelho é mais uma *reflexão* sobre o ministério de Jesus e sobre o próprio Jesus, utilizando a tradição acerca de seus milagres operados e, na realidade, elaborando coisas que teria dito, de acordo com as recordações de João, para destacar o significado dos sinais e da revelação de Deus que Jesus trouxe e encarnou. As ênfases que o Evangelho de João expressa salientam as ideias que ele queria propor.

Jesus é Messias

João é incomum entre os evangelistas pelo fato de indicar explicitamente seu propósito ao escrever seu Evangelho, num breve parágrafo que pode muito bem ter sido os versos conclusivos do que pode consequentemente ser considerado a primeira edição de seu Evangelho.

> Jesus ainda fez muitos outros sinais na presença de seus discípulos, mas que não foram escritos nesse livro. "Esses, porém, foram escritos para que possais crer que Jesus é o Cristo, o Filho de Deus, e para que, crendo, possais ter a vida em seu nome" (Jo 20,30-31).

Um fato um tanto curioso é que João é o único autor no Novo Testamento a usar o termo grego *Messias* (Jo 1,41; 4,25), uma transliteração do termo hebraico *Mashiah*, em vez da tradução grega: *Christos* (usado regularmente por ele no seu Evangelho). A curiosidade é que, quando a boa nova de Jesus já circulara amplamente no mundo gentio e *Christos* se tornara de fato parte de um nome próprio ("Jesus Cristo"), é o último dos Evangelhos do Novo Testamento que conserva o termo hebraico com seu sentido honorário.

Como insinua claramente em seu Evangelho (Jo 20,30-31), salientar o significado de Jesus como o Messias/Cristo foi uma das preocupações principais de João:

João 1,41	André "foi logo encontrar seu irmão Simão [Pedro] e lhe disse: 'Encontramos o Messias' (que quer dizer Cristo)".
João 4,25-26	A mulher junto ao poço disse a Jesus: "Eu sei que está para vir o Messias (que se chama Cristo). Quando vier, ele nos proclamará todas as coisas". Jesus lhe disse: "Sou eu".
João 7	Um debate acerca do significado de Jesus – a pergunta feita pela multidão: "Será que as autoridades reconhecem realmente que este é o Cristo?" (Jo 7,26) provoca um debate que continua nos dois parágrafos seguintes (Jo 7,26-44).
João 9	A controvérsia provocada pela cura de um cego por Jesus, incluindo a resposta das autoridades que "concordaram que quem confessasse que Jesus é o Cristo seria expulso da sinagoga" (Jo 9,22).

João 10,24	"Os judeus" perguntaram: "Até quando nos deixarás em suspenso? Se és o Cristo, dize-nos abertamente" (Jo 12,34).
João 11,27	Ante da ressurreição de seu irmão Lázaro, Marta confessa: "Creio que és o Cristo, o Filho de Deus, que vem ao mundo".
João 17,3	Resume também as intenções de João quando cita Jesus rezando: "A vida eterna consiste em que conheçam a ti, o único Deus verdadeiro, e a Jesus Cristo que enviaste".

Vale a pena repetir que o autor do último dos Evangelhos do Novo Testamento ainda conserva o sentido honorário de Cristo/Messias quando, conforme veremos melhor posteriormente, Cristo se tornara quase um nome próprio para Jesus ("Jesus Cristo") num tempo em que o significado honorário do nome (o Cristo ou Messias) começara a desaparecer gradualmente. A perda do significado honorário pode ser compreendida facilmente já que, na missão mais ampla em território predominantemente gentio, o significado judaico do título era menos relevante e podia ter sido prontamente negligenciado. Mas para João, que ainda esperava persuadir seus companheiros judeus de que Jesus era de fato o Messias, ainda era necessário enfatizar o significado do título.

Vale a pena também observar que João não hesita em registrar que Jesus foi saudado e reconhecido como "o rei de Israel", embora Mateus e Marcos lembrem que o título estava sendo usado apenas pelas multidões que zombavam do Jesus crucificado (Mt 27,42 || Mc 15,32).

João 1,49	"Natanael replicou: 'Rabi, tu és o Filho de Deus! És o rei de Israel!'"
João 11,13	As multidões saudaram Jesus entrando em Jerusalém: "Hosana! Bendito aquele que vem em nome do Senhor – o rei de Israel". E João prossegue citando Zacarias (9,9): "Eis que teu rei está chegando, montado num jumentinho!"

O aspecto interessante é que "rei de Israel" era um título perigosamente político para ser usado acerca de Jesus num Estado controlado pelos romanos. João registra a hesitação do próprio Jesus quanto ao pensamento de assumir tal papel (Jo 6,15). Mas não hesita em registrar que o julgamento de Jesus diante do governador romano, Pilatos, concentrou-se em verificar se Jesus era "o rei dos judeus" (Jo 19,33-39). João relata também que Jesus foi injuriado pelos soldados como "rei dos judeus" (Jo 19,3) e que o título que Jesus carregava era um ponto controverso entre Pilatos e os sumos sacerdotes (Jo 19,12-22). A única ressalva que João faz é registrar Jesus respondendo a Pilatos: "Meu reino não é deste mundo. Se meu reino fosse deste mundo, os meus seguidores teriam lutado para que eu não fosse entregue aos judeus. Mas o meu reino não é daqui" (Jo 18,36). Essa tensão entre "rei de Israel" e "reino de Deus" (Jo 3,3.5; a única outra referência a "reino" em João) é relativamente secundária no Quarto Evangelho, mas mesmo assim é de importância e pode aludir à maneira como a comunidade de João lidou com a destruição do "reino de Israel" nas últimas décadas do século I.

É até mais impressionante na apresentação de João que Jesus é mostrado cumprindo e praticamente suplantando outros traços centrais da história e da religião de Israel.

João 1,17	"A lei, na verdade, foi dada por meio de Moisés; a graça e a verdade vieram por Jesus Cristo".
João 1,29	"Eis o Cordeiro de Deus que tira o pecado do mundo".
João 2,19-21	"Destruí este Santuário e em três dias eu o levantarei". O autor explica: "Ele falava do santuário de seu corpo".
João 4,10-14	"Quem beber da água que eu lhe darei jamais terá sede".
João 6,48-58	"Eu sou o pão da vida. [...] Quem comer deste pão viverá para sempre".

João 8,58	"Antes que Abraão existisse, eu sou".
João 15,1	Aludindo às imagens familiares de Israel como uma videira ou um parreiral, Jesus diz: "Eu sou a videira verdadeira e meu pai é o vinhateiro"[54].

Existe aqui evidentemente uma tensão – entre Jesus como aquele que cumpre as expectativas de Israel e também as suplanta. Isso reflete presumivelmente as tensões no movimento de Jesus no final do século I, que se confrontou com a destruição de Israel e do templo de Israel e também com a crescente hostilidade dos fariseus ("os judeus [hostis]" na terminologia de João). Qual caminho os seguidores judeus deviam seguir? Esse era evidentemente o dilema com que se confrontava o autor do Evangelho de João. De acordo com sua própria mensagem, ainda havia muitos entre "os judeus" que estavam abertos à pretensão de que Jesus era o Messias e às pretensões de seus seguidores – como sua apresentação deixa claro[55]. Daí o principal objetivo de seu Evangelho, já observado em João 20,30-31, de persuadir o maior número dos companheiros judeus do autor a segui-lo na crença "de que Jesus é o Cristo, o Filho de Deus", na convicção de fé "de que, crendo, podem ter a vida em seu nome". João pode muito bem ter antecipado que haveria em breve uma separação de caminhos para os judeus crentes, mas a judeidade do movimento de Jesus é, para ele, fundamental demais para desistir sem lutar.

Jesus é o Filho de Deus

Um dos traços mais notáveis do Evangelho de João é que nele Jesus se refere a Deus como "Pai" muito mais frequentemente do que no Sinóticos. As estatísticas são impressionantes:

---

54. Sl 80,8-18; Is 5,1-7; Jr 2,21; Ez 15,1-5; 17,1-10; 19,10-15; Os 10,1-2.
55. Jo 6,52; 7,11-12.31.35.40-44; 10,19-21; 12,11.17-19; 12,34.

três vezes em Marcos, oito em Lucas, trinta e cinco em Mateus e cem em João. Aqui vão uns poucos exemplos – todos eles afirmações feitas por Jesus e as referências são todas exclusivas de João:

João 2,16	Jesus protesta no templo: "Não façais da casa de meu Pai um mercado".
João 5,37	"O Pai que me enviou também dá testemunho de mim".
João 6,44	"Ninguém pode vir a mim se o Pai que me enviou não o atrair".
João 8,54	"Meu Pai é que me glorifica. Ele, de quem dizeis: 'Ele é nosso Deus'".
João 10,30	"O Pai e eu somos um".
João 15,1	"Eu sou a videira verdadeira e meu pai é o vinhateiro".

Isto combina com as referências de João a Jesus como "o Filho de Deus", novamente características desse Evangelho. Por exemplo:

João 1,34	João Batista diz: "Eu mesmo vi e dou testemunho de que este é o Filho de Deus".
João 1,49	Natanael saúda Jesus: "Rabi, tu és o Filho de Deus".
João 10,36	Jesus pergunta aos "judeus": "Como podeis dizer que aquele que o Pai santificou e enviou ao mundo está blasfemando, porque eu disse: 'Sou Filho de Deus'?"
João 11,27	Marta confessa: "Creio que és o Messias, o Filho de Deus".

E devemos lembrar que a intenção expressa de João era trazer seus leitores à crença de que Jesus era não só o Cristo, mas também "o Cristo, o Filho de Deus" (Jo 20,31). Aqui deveríamos apenas acrescentar que João é o único evangelista a referir-se a Jesus como "Filho único" de Deus (*monogenês*; Jo 1,14.18; 3,16.18).

Particularmente, o objetivo disso para João era enfatizar que a missão de Jesus fora autorizada pelo Pai – novamente uma ênfase joanina característica.

João 3,17	"Deus não enviou seu Filho ao mundo para condenar o mundo, mas para que o mundo seja salvo por ele".
João 3,35	"O Pai ama o Filho e pôs todas as coisas em suas mãos".
João 5,19	"O Filho nada pode fazer por si mesmo, mas só faz o que vê o Pai fazer. Tudo o que o Pai faz o Filho também faz".
João 5,26	"Assim como o Pai tem a vida em si mesmo, assim deu também ao Filho ter a vida em si mesmo".
João 6,38	"Eu vim [...] para fazer [...] a vontade daquele que me enviou".
João 12,50	"As coisas que falo [...] eu as falo conforme o Pai me disse"[56].

Aqui vemos novamente como João adaptou a tradição do ministério de Jesus. Os primeiros evangelistas lembram que a expressão "Filho de Deus" foi usada na tentação de Jesus (Mt 4,3.6 || Lc 4,3.9), por demônios e pessoas possessas (Mc 3,11 || Lc 4,41; Mc 5,7 par), por seus discípulos maravilhados ao vê-lo caminhando sobre a água (Mt 14,33)[57], pelo sumo sacerdote no julgamento de Jesus (Mt 26,63 || Lc 22,70), pelo ladrão crucificado e pelos oficiais zombadores (Mt 27,40.43) e com receosa surpresa pelo centurião encarregado de crucificá-lo (Mc 15,39 || Mt 27,54). E, a partir dos primeiros dias da missão pós-ressurreição, a confissão de que Jesus é "o Filho de Deus" era uma expressão natural da fé cristã primitiva[58].

---

56. Aqui devemos observar que, à tradição sinótica de Jesus referindo-se a si mesmo como "o Filho do homem", João acrescenta o pensamento do Filho do homem que desce do céu – "Ninguém subiu ao céu senão aquele que desceu do céu, o Filho do homem" (Jo 3,13).

57. À confissão de Pedro em Cesareia de Filipe – "Tu és o Cristo" (Mc 8,29) – Mateus acrescenta: "Tu és o Cristo, o Filho do Deus vivo" (Mt 16,16).

58. Como em Rm 1,4; 2Cor 1,19; Gl 2,20.

Assim a conclusão óbvia é que o Evangelho de João reflete essa fé mais plena e não hesita em retratar Jesus reivindicando, ele próprio, o título – não mais apenas uma tentação a ser usada de forma indevida, não mais um *status* reconhecido apenas por demônios e pessoas possessas, não mais uma missão a ser descartada por autoridades ou ladrões crucificados, mas um papel reconhecido e afirmado pelo próprio Jesus. Isso não nos deveria causar surpresa, já que era precisamente a convicção não só de que Jesus era filho de Deus, como também de que, sendo capazes de ecoar a oração do próprio Jesus, "*Abba*! Pai!", os primeiros crentes estavam afirmando que também eram "filhos de Deus, [...] herdeiros de Deus e co-herdeiros com Cristo" (Rm 8,15-17). Da mesma forma, aqui, o retrato de Jesus esboçado por João mostra como foi profundo o impacto causado por Jesus e como esse impacto refletiu retrospectivamente sobre a maneira como João o lembrou e o retratou.

Jesus é a Palavra divina

Se foi impressionante a elaboração que João faz das pretensões de que Jesus é o há muito tempo esperado Messias de Israel, e é de fato o filho de Deus, tanto mais o é a totalmente nova pretensão presente no parágrafo de abertura do Evangelho. A surpreendente pretensão é que Jesus não só falou a palavra de Deus, como fizeram os profetas de antigamente, mas *era* a Palavra de Deus! É um dos traços do Evangelho de João que imediatamente atrai a atenção – que ele começa não com a primeira fase do ministério de Jesus (como fizera Marcos), nem com seu nascimento (como fizeram Mateus e Lucas), mas com o *Logos*/Palavra enquanto agente divino ou instrumento de criação. Em suas reflexões mais ousadas, Paulo se aproxima disso (como em Fl 2,6 e Cl 2,9). Só com João, no entanto, é que vemos em palavras precisas o conceito de encarnação, de Jesus como a encarnação da atuação criativa de Deus articulada especificamente como nunca antes – e com uma inesperada ousadia em suas palavras de abertura.

> No princípio era a Palavra e a Palavra estava com Deus, e a Palavra era Deus. No princípio ela estava com Deus. Todas as coisas foram feitas por meio dela e sem ela nada foi feito de tudo o que existe. O que veio a ser nela foi a vida e a vida era a luz de todas as pessoas. A luz brilha nas trevas e as trevas não a dominaram. [...] Ela estava no mundo, e por ela o mundo foi feito. [...] Veio para o que era seu, mas os seus não a receberam. Porém, a todos os que a receberam, aos que creram em seu nome, deu o poder de se tornarem filhos de Deus; esses não nasceram do sangue, nem da vontade da carne, nem da vontade do homem, mas de Deus. E a Palavra se fez carne e habitou entre nós; e nós vimos a sua glória, a glória de Filho único do Pai, cheio de graça e verdade. [...] Da sua plenitude todos nós recebemos graça sobre graça. Porque a Lei foi dada por meio de Moisés; a graça e a verdade vieram por Jesus Cristo. Ninguém jamais viu a Deus. O Filho único de Deus, que está junto ao Pai, foi quem o deu a conhecer (Jo 1,1-18).

Para os que estão há muito familiarizados com essa passagem é difícil avaliar como ela era excepcional quando foi escrita. A Palavra ou *Logos* era evidentemente familiar tanto aos judeus como aos gregos. Os que estão familiarizados com a Bíblia hebraica podem pensar, por exemplo, em:

Gênesis 15,1	"A palavra de SENHOR veio a Abraão numa visão".
Salmo 33,6	"Pela palavra do SENHOR foram feitos os céus e todo o seu exército pelo aleto de sua boca".

E, é claro, pensariam particularmente nos profetas aos quais "veio a palavra do Senhor" em muitas ocasiões – como em:

| Isaías 55,11 | Deus diz: "Assim acontece com a palavra que sai de minha boca: não volta para mim vazia, sem ter realizado minha vontade". |
| Jeremias 2,4 | "Ouvi a palavra do SENHOR, casa de Jacó". |

Para os mais familiarizados com o pensamento grego, a ideia do *logos spermatikos*, o *logos*-semente, a energia criativa que está por trás do mundo, e semeada no indivíduo humano, não seria nada de novo. Para João, deve sem dúvida ter sido familiar que *logos* pudesse referir-se tanto à palavra não expressa quanto à palavra expressa. Nada melhor do que utilizá-lo para enfatizar o significado de Jesus: como a encarnação da mente e da intenção de Deus, como expressando *ele próprio* o que até então fora expresso somente nas palavras do profeta inspirado. O que estava apenas implícito na criação era agora expresso claramente. Em outras palavras, João 1,14 – "a palavra se fez carne e habitou entre nós" – era algo totalmente inesperado e novo, que apresentava uma pretensão alucinante: a de que Jesus, como Palavra de Deus, havia expressado o que até então era inexprimível e tornado conhecido o incognoscível.

Não devemos deixar de notar a importância da formulação de João em sua pretensão de que é a Palavra de Deus que se encarnou como Jesus. Não apenas o poder criador de Deus. Não apenas os atos salvíficos de Deus que havia libertado Israel no passado, mas a palavra de Deus, o poder criador e salvador de Deus numa forma racional que empenharia a inteligência humana e responderia às indagações e aos enigmas humanos. A maravilha de João 1,14 é que sua pretensão empenha os leitores humanos e responde em cada nível de seu ser, sobretudo a mente que expressa a palavra.

Jesus é a Sabedoria divina

Causa certa surpresa que o pensamento de Jesus como Palavra de Deus encarnada não é retomado ou seguido no restante do Evangelho de João – o que sugeriu a alguns que o prólogo (Jo 1,1-18) foi um acréscimo posterior ao Evangelho, talvez no segundo ou terceiro esboço do Evangelho composto por João ou pelo grupo à sua volta. No entanto, no pensamento judaico havia uma maneira mais familiar de falar da interação de Deus com sua criação e seu povo. Era a figura da Sabedoria divina, familiar no tempo de Jesus particularmente na literatura sapiencial das Escrituras de Israel.

Provérbios 3,19	"O SENHOR fundou a terra com sabedoria".
Provérbios 8,27.30	A Sabedoria exclama: "Quando firmava os céus, lá eu estava. [...] Eu estava ao seu lado como mestre de obras".
Eclesiástico 24,1.23	"A sabedoria faz seu próprio elogio e se gloria no meio de seu povo. [...] Tudo isto é o livro da aliança do Deus altíssimo, a Lei que Moisés nos prescreveu".
Baruc 3,9-4,2	"Escuta, Israel, os mandamentos da vida; aplica os ouvidos para conheceres a Sabedoria. [...] Ela [a Sabedoria] é o livro dos Mandamentos de Deus, a lei que permanece para sempre. Todos os que a guardam terão a vida, e os que a desprezam morrerão. Volta-te, Jacó, para recebê-la, caminha para o esplendor de sua luz".

Precisamos entender que a encarnação da Sabedoria na carne de Jesus foi prefigurada pela personificação da Sabedoria no "livro da aliança" com Israel, "os mandamentos de Deus".

Em João há muitos ecos do que foi dito acerca da Sabedoria. Por exemplo:

Sabedoria 9,17-18	"Quem poderia conhecer teu projeto, se não lhe dás sabedoria e se do alto não envias teu santo espírito? E assim [...] os homens [...] foram salvos pela Sabedoria".
João 3,16-17	"Deus amou tanto o mundo que entregou seu filho único". Ele enviou seu Filho "para que o mundo seja salvo por meio dele".
Eclesiástico 15,3	"Ela [a Sabedoria] o alimentará com o pão da inteligência e lhe dará a beber e a água da sabedoria".
Eclesiástico 24,21	"Os que me comem terão ainda fome e os que me bebem terão ainda sede".
João 4,14	Jesus diz à mulher junto ao poço: "Quem beber da água que eu lhe darei jamais terá sede. A água que eu lhe der será nele uma fonte que jorra para a vida eterna".
Provérbios 9,5	Convite da Sabedoria: "Vinde comer do meu pão e beber do vinho que preparei".
João 6,35	Jesus diz: "Eu sou o pão da vida. [...] Quem comer deste pão viverá para sempre e quem crê em mim jamais terá sede".

Não se deve ignorar um traço impressionante. No pensamento judaico a figura da Sabedoria é feminina, porque os judeus desde o começo se davam conta de que o divino não podia limitar-se a um único gênero. O poder criador de Deus, expresso acima de tudo em toda a espécie humana, não pode restringir-se a uma única forma dessa espécie. "Deus criou o ser humano à sua imagem [...] macho e fêmea ele os criou" (Gn 1,27). "Macho e fêmea" é a imagem de Deus. Assim não há nenhum problema no fato de João expressar a encarnação em termos femininos. A encarnação personifica a energia criativa de Deus ao criá-los. A afirmação feita em João 1,14 podia igualmente ser feita em termos de Sabedoria: "A Sabedoria se fez carne" em Jesus e como Jesus. João dificilmente poderia ter sido mais ousado em sua afirmação de que tudo o que os autores judeus da Bíblia hebraica procuraram expressar por sua fala sobre a Palavra de Deus e da Sabedoria de Deus foi sintetizado em Jesus, a Palavra encarnada, a Sabedoria de Deus encarnada.

Outras ênfases características

A audácia criativa de João em sua apresentação de Jesus não se limitou à sua cristologia. A autoexpressão encarnada de Deus personificou uma revelação de Deus e a partir de Deus, que tinha alguns corolários muito importantes para João e para os leitores de seu Evangelho.

O novo mandamento

João 13,34-35	"Eu vos dou um novo mandamento: que vos ameis uns aos outros. Assim como eu vos amei, amai-vos também uns aos outros. Todos saberão que sois meus discípulos se vos amardes uns aos outros".
João 14,21	"Quem tem os meus mandamentos e os observa, esse é que me ama. E quem me ama será amado por meu Pai. Eu também o amarei e me revelarei a ele".
João 15,10	"Se observardes os meus mandamentos, permanecereis no meu amor, como eu também observei os mandamentos de meu Pai e permaneço no seu amor".
João 15,12-13	"Esse é o meu mandamento: amai-vos uns aos outros como eu vos amei. Ninguém tem maior amor do que aquele que dá a vida por seus amigos".

Deve-se observar que Jesus não hesita em falar de seu amor como condicional. A experiência de ser amado não consistia em proporcionar um abraço aconchegante que poderia compensar a rejeição ou o ódio do mundo. A experiência de ser amado por Jesus deveria produzir amor uns aos outros e expressar-se em observar os mandamentos de Cristo. Aqui o pensamento do "amor ao próximo" se concentra no amor ao companheiro crente – provavelmente um reflexo de uma comunidade sob pressão cada vez mais hostil.

Individualismo

Outra ênfase notável no Evangelho de João é seu individualismo, concentrado novamente em Jesus. O pastor chama cada ovelha pelo nome (Jo 10,3-4). Cada ramo permanece na videira que é Jesus, cultivada pelo vinhateiro que é o Pai (Jo 15,1-7). Cada um come a carne do Filho do homem e bebe seu sangue (Jo 6,53-58). Sumamente impressionante é o convite de Jesus em João 7,37-38: "Se alguém tem sede venha a mim e quem crê em mim beba. Como diz a Escritura: 'Do seio do crente jorrarão rios de água viva'". Qual Escritura Jesus tinha em mente nesse ponto é algo discutido. Pode ser, na verdade, que o evangelista tivesse em mente várias passagens escriturísticas, inclusive a água milagrosamente proporcionada aos israelitas no deserto a partir do rochedo (Ex 17,1-6), ao qual Paulo se refere como "rochedo espiritual" identificado com Cristo (1Cor 10,4). João pode também ter tido em mente a visão que Ezequiel tem do templo, do qual jorrava água viva (Ez 47,1-11), uma visão retomada também por outros profetas[59]. Não se deveria deixar passar o poder das imagens numa terra acostumada com a seca – especialmente a ambiguidade de determinar se o seio do qual jorra a água viva é o de Cristo ou daquele que crê em Cristo e bebe a água que jorra de Cristo.

Culto em espírito e verdade

Outro ponto digno de nota no Evangelho de João é que ele não hesita em mostrar Jesus falando do culto não mais como

---

59. Is 43,19-20; Jl 4,18; Zc 14,8.

um culto ligado a um centro cultual, mas como um culto em espírito e verdade. Jesus, junto ao poço, falando com a mulher samaritana sobre o tema do culto e sobre a questão de saber se um culto válido só podia ser oferecido em Jerusalém, afirma sua herança judaica. Mas depois acrescenta: "Está chegando a hora – e é agora – em que os verdadeiros adoradores adorarão o Pai em espírito e verdade. Deus é espírito, e os que o adoram devem adorá-lo em espírito e verdade" (Jo 4,23-24). Tendo em mente que o Evangelho de João foi escrito no período pós-70, ou seja, após a destruição do templo de Jerusalém pelos romanos, e que Jesus já havia transferido a atenção do templo para si mesmo (Jo 2,19-21), as palavras dirigidas à mulher junto ao poço sugerem vigorosamente que os crentes joaninos encontravam nessas palavras atribuídas a Jesus a resposta ao desespero que a destruição de Jerusalém e de seu templo devia ter causado em tantos.

Silêncios em João

Outro traço interessante do Evangelho de João é o que ele não diz ou não menciona. Por exemplo, não existe em João nenhuma menção aos apóstolos, profetas ou mestres. De preferência, encontramos Jesus falando da seguinte maneira:

João 6,45	"Está escrito nos profetas: 'E eles serão ensinados por Deus'" (Is 54,13).
João 14,26	"O Advogado, o Espírito Santo, que meu Pai enviará em meu nome, vos ensinará tudo e vos recordará tudo quanto eu vos disse".

O que isso nos diz acerca do padrão de cristianismo e do culto e liderança cristãos que João adotou?

Silêncio de João sobre o batismo e a Ceia do Senhor

Novamente, não encontramos no Evangelho de João nenhuma menção ao batismo de Jesus e à Última Ceia. Na verdade, um dos extensos sermões de Jesus em João é o grande discurso sobre o pão da vida. Assim João lembra Jesus dizendo: "Quem come minha carne e bebe meu sangue tem a vida eterna; [...] porque minha carne é verdadeira comida e meu sangue é verdadeira bebida" (Jo 6,54-55). Isso parece ser o equivalente joanino da Última Ceia e presumivelmente reflete como a Igreja ou Igrejas joaninas viam sua partilha do pão e do vinho eucarísticos. Mas então João apresenta Jesus concluindo com a advertência de não dar uma ênfase equivocada ao pão e ao vinho: "É o espírito que dá a vida; a carne de nada serve. As palavras que eu vos disse são espírito e vida" (Jo 6,63).

Certamente não podemos deixar de comparar isso com a teologia de Inácio, que escreve por volta de vinte anos mais tarde. Inácio parece ir na direção quase oposta a João, ao insistir na centralidade da Eucaristia e ao tentar reforçar a autoridade dos bispos locais. Sua carta aos Esmirnenses (7.1-8.2) é típica de suas exortações.

> Abstêm-se eles da Eucaristia e da oração, porque não reconhecem que a Eucaristia é a carne de nosso Salvador Jesus Cristo. [...] Convém, pois, manter-se longe de tais pessoas, deixar de falar delas em particular e em público. [...] Sigam todos ao bispo, como Jesus Cristo ao Pai. [...] Onde quer que se apresente o bispo, ali também esteja a comunidade, assim como a presença de Cristo Jesus também nos assegura a presença da Igreja católica. Sem o bispo, não é permitido nem batizar nem celebrar o ágape. Tudo, porém, o que ele aprovar será também agradável a Deus, para que tudo quanto se fizer seja seguro e legítimo (Santo Inácio de Antioquia, 2023, p. 165).

Inácio estava, evidentemente, projetando o caminho que o corpo principal do cristianismo deveria seguir. Mas é muito difícil evitar a impressão de que João estava reagindo e protestando contra o tipo de desenvolvimento que poucos anos depois se tornaram manifestos em Inácio. Ou seja, se o Evangelho de João foi finalmente formulado em Éfeso, na Ásia Menor, por onde Inácio percorreria menos de uma geração mais tarde, então é muito provável que João estivesse de fato protestando contra a eclesiologia e a teologia sacramental que Inácio iria promover tão vigorosamente não muito tempo depois. Por isso o Evangelho de João – com sua falta de referência a líderes formalmente designados da Igreja, com sua omissão do batismo e da Última Ceia de Jesus e com sua advertência contra a interpretação errônea da autoidentificação de Jesus com o pão da vida – foi às vezes classificado como uma espécie de cristianismo dissidente – praticamente um protesto contra os desenvolvimentos que Inácio iria defender. Aqui pode ser significativo que, enquanto Inácio certamente conhecia e ecoou em diversas ocasiões a tradição sinótica, é muito menos claro que conhecesse e estimasse a tradição joanina. Estavam João e Inácio situados em formas alternativas do cristianismo mais primitivo? Essa é uma pergunta que merece ser feita, mesmo lembrando que João foi incluído no cânon do Novo Testamento e Inácio não foi.

* * *

À luz do que acabamos de observar, é muito difícil evitar a pergunta: Será que João foi tão longe? Ainda mais sério é o fato de que João parece ter apelado mais aos gnósticos do que a outros. O gnosticismo fazia uma nítida distinção entre carne e espírito, de modo que o Cristo joanino era muito atraente para eles. Não era difícil para eles ver o Cristo joanino em termos docéticos, ou seja, a crença de que Jesus só estava na carne *aparentemente*, só *parecia* ser carne[60]. Na verdade, o primeiro comentário que sabemos ter sido escrito sobre João foi feito por Heracleão, um valentiniano[61]. Na verdade, o Quarto Evangelho conseguia tão bem ser identificado com um ponto de vista gnóstico que tanto os álogos (segunda metade do século II) quanto o presbítero romano Caio (início do século III) atribuíram o Evangelho de João ao gnóstico Cerinto. Foi Ireneu que, no final do século II, resgatou João para a ortodoxia, de modo que, a partir do século III, João se tornou cada vez mais o livro de referência e a pedra angular escriturística da cristologia ortodoxa (Sanders, 1943).

O debate, no entanto, não foi concluído e na segunda metade do século XIX foi revivido. Mais particularmente, o famoso teólogo especialista em Novo Testamento, Rudolf Bultmann, argumentou que o Quarto Evangelho utilizou uma forma primitiva do pensamento gnóstico, levantando novamente a pergunta: enfatizou João a divindade de Jesus e menosprezou sua humanidade? A resposta é de fato "Não"! A ênfase de João é clara:

> A Palavra se fez carne e habitou entre nós;
> e nós vimos a sua glória,
> a glória de Filho único do Pai,
> cheio de graça e verdade (Jo 1,14).

---

60. *Docet*, termo latino para "parece". Cf. também o capítulo 8, desta obra, sobre 1-3João.

61. Valentino (c. 100-160 d.C.) foi o mais conhecido e mais bem-sucedido teólogo gnóstico cristão antigo. De acordo com Tertuliano, ele foi candidato a bispo de Roma; mas, quando foi escolhido um outro, Valentino iniciou seu próprio grupo. Ensinava que havia três tipos de pessoas – espirituais, psíquicas e materiais – e que só as de natureza espiritual (seus próprios seguidores) recebiam a *gnosis* (conhecimento) que lhes permitia retornar à plenitude divina. Os de natureza psíquica (os cristãos comuns) alcançariam uma forma inferior de salvação, e os de natureza material (pagãos e judeus) estavam condenados a perecer.

Era o "se fez carne" que os gnósticos não toleravam. Para eles a antítese entre carne e espírito era nítida demais; era intransponível. Mas é precisamente isso que João afirma: a Palavra *se fez* carne. Dito de outro modo, ele faz uma declaração clara e explícita da historicidade e da realidade da encarnação. E a maneira como João realçou o significado central da morte de Jesus estava na realidade propondo a mesma ideia: o *Logos* encarnado não tinha carne apenas *aparentemente*, mas *se tornou* carne; e não apenas tornou a subir ao céu, mas primeiro morreu, morreu realmente! Em outras palavras, João não concedeu terreno vital aos que desejavam aumentar o apelo do evangelho a dualistas que pensavam que carne e espírito eram irreconciliáveis. Em completa oposição, ele se dispôs a preservar seu Evangelho precisamente do perigo de uma interpretação gnóstica. Os próprios pontos que o docetismo procurava negar são, de forma precisa, aqueles que João procurou afirmar: a realidade da Palavra eterna tornando-se carne e a realidade de sua morte[62].

O fato de João ter sido preservado e ter-se tornado uma parte do cânon do Novo Testamento indica que a Igreja primitiva reconhecia a importância de reexpressar a boa nova para alcançar outros que se encontravam fora dos círculos normais do judaísmo. João mostra praticamente que é preciso estar disposto a assumir alguns riscos para assegurar que o evangelho seja ouvido e fale a todas as condições e a todas as situações num mundo muito diferente do mundo Mediterrâneo do século I. Assim permanece uma pergunta muito relevante: quem é o melhor precedente para hoje – os Sinóticos ou João?

---

62. A questão é combatida mais encarniçadamente nas cartas joaninas. Cf. capítulo 8 deste livro.

4

Jesus de acordo com os Atos

Em contraposição aos Evangelhos, nos Atos Jesus quase não aparece. Atos 1,1-5 apresenta o segundo volume de Lucas com um breve relato de Jesus após sua ressurreição, aparecendo a seus discípulos, instruindo-os e "falando acerca do reino de Deus" (At 1,2-3). Quanto ao tema mais imediato, Jesus lhes diz que aguardem em Jerusalém a promessa do Espírito Santo, repetindo a promessa do Batista de que seriam batizados com o Espírito Santo (At 1,5). De maneira surpreendente, os discípulos perguntam se será restabelecido o reino de Israel (At 1,6) – talvez propondo Lucas que os discípulos precisavam não só da ressurreição de Jesus, mas também do dom do Espírito (Pentecostes), para transformar seu modo de pensar. Em resposta, Jesus evita a pergunta e encarrega os discípulos de serem suas testemunhas "em Jerusalém, em toda a Judeia e Samaria, e até os confins da terra" (At 1,7-8) – a agenda que Lucas seguirá no restante dos Atos. A isso segue-se imediatamente a ascensão de Jesus, com a promessa angélica de que ele retornaria da mesma maneira (At 1,9-11).

Então Jesus saiu realmente de cena, embora continuasse muito falado e pregado por Pedro e pelos outros. Ele aparece na visão que Estêvão teve pouco antes de ser executado por apedrejamento (At 7,55-56). Fora isso, Jesus só aparece novamente em referência ao Evangelho de Paulo. Primeiramente na conversão de Saulo/Paulo, mas incluindo a incumbência dada a Ananias de prestar-lhe auxílio (At 9,10-16). É interessante observar que Lucas registrou com muito contentamento a lembrança da conversão de Paulo em diversas ocasiões, duas vezes, de acordo com Lucas, pelo próprio Paulo:

Atos 9,4-6	"Caiu por terra e ouviu uma voz que lhe dizia: 'Saulo, Saulo, por que me persegues?' Ele [Saulo] perguntou: 'Quem és tu, Senhor?' A resposta foi: 'Eu sou Jesus, a quem persegues. Mas levanta-te e entra na cidade e ali serás informado sobre o que fazer'".
Atos 22,7-8	Mais ou menos a mesma coisa, mas continuando com Saulo perguntando o que deveria fazer. É-lhe dito que entre em Damasco, onde lhe serão dadas instruções ulteriores.
Atos 26,14-18	Novamente a mesma pergunta, com o acréscimo: "É duro para ti recalcitrar contra o aguilhão" e com uma incumbência muito mais ampla de difundir a boa nova de Jesus entre os gentios.

É interessante comparar a missão de Paulo com a missão de Pedro. De maneira um tanto impressionante, o grande avanço na percepção de Pedro de que o evangelho se destinava também aos não judeus (At 10-11) é atribuído *não* a uma visão de Jesus, mas simplesmente a uma visão com uma voz não identificada vinda do céu[63]. O mesmo aconteceu com Cornélio – que recebeu a visão de um anjo (At 10,3-7.30-32). Note-se também a libertação miraculosa de Pedro da prisão de Herodes, atribuída a "um anjo do Senhor" (At 12,7-11). Na verdade, a reviravolta de Paulo em levar sua missão para a Europa é inspirada por uma visão posterior de "um homem da Macedônia" (Lucas?) que lhe pe-

---

63. At 10,11-13.15-17.19; 11,5-9 – "uma voz".

dia para "visitar informalmente a Macedônia e ajudar-nos" (At 16,9-10). Mas Paulo recorda também uma visão de advertência de Jesus no início de seu ministério (At 22,17-19) e, para Paulo, existem visões ulteriores do Senhor confirmando seu sucesso em Corinto (At 18,9) e garantindo-lhe que daria testemunho também em Roma (At 23,11). O contraste entre Pedro e Paulo nesse ponto é notável, sugerindo talvez não só um maior conhecimento pessoal que Lucas tem de Paulo, mas também sua própria convicção – e seu desejo de expressá-la – de que a missão mais ampla aos gentios era realmente inspirada por Cristo.

Também notável na narrativa de Lucas é como rapidamente "o nome de Jesus/o Senhor/Cristo" se torna uma característica importante. A primeira menção do que pode ser denominado batismo cristão aparece no final do sermão de Pedro em Pentecostes: já fica estabelecido que os que respondem à sua mensagem deverão "ser batizados em nome de Jesus Cristo" (At 2,38). O coxo recupera a plena aptidão física "em/pelo nome de Jesus Cristo" (At 3,6; 4,10). Em resposta, os "chefes, anciãos e escribas, junto com Anás, o sumo sacerdote", "e todos os que eram de famílias de sumos sacerdotes" (At 4,5-6), ordenam que os discípulos "não falem ou ensinem [...] em nome de Jesus" (At 4,18; 5,40). Filipe proclama a boa nova do reino de Deus aos samaritanos e muitos são "batizados cm nome do Senhor Jesus" (At 8,12.16). O Saulo convertido prega em Jerusalém, "falando ousadamente em nome do Senhor" (At 9,27-28). Tudo isso é claro e coerente.

Um tanto obscuro, porém, é o peso que deveria ser dado ao título "Senhor" quando aplicado a Jesus. Como já observamos, o problema é que numa extremidade do leque de sentidos "Senhor" é uma maneira de falar de Deus. Mas na outra extremidade está uma forma polida de dirigir-se a alguém superior no espectro do prestígio social[64]. Assim, quando o título é usado

---

64. Por exemplo, em Mt 8,2.6.8; 9,28; Lc 9,59.61; 10,40; 11,1.

acerca de alguém, sempre se apresenta a questão de saber em que ponto do leque esse uso deve estar situado. A questão, já mencionada anteriormente no capítulo 2, é colocada por Pedro quando, ao afirmar que Deus ressuscitou Jesus dos mortos e o elevou ao céu, cita o Salmo 110,1: "Disse o Senhor a meu senhor: 'Senta-te à minha direita, até que eu ponha teus inimigos como escabelo de teus pés'". Disso ele conclui imediatamente que "Deus constituiu Senhor e Cristo este Jesus que vós crucificastes" (At 2,34-36). "Meu Senhor", no Salmo 110,1, refere-se presumivelmente ao rei; por isso a aplicação a Jesus, que é "exaltado à direita de Deus" (At 2,33), está certamente na extremidade mais alta do espectro, como sugere Atos 2,36: "Senhor e Cristo". E "o Senhor Jesus (Cristo)" é uma referência habitual nos Atos[65]; por exemplo, Estêvão reza ao Senhor Jesus (At 7,59-60), Saulo respira "ameaças e morte contra os discípulos do Senhor" (At 9,1), Pedro proclama a Cornélio que "ele [Jesus Cristo] é o Senhor de todos" (At 10,36) e Paulo e Barnabé confiam os convertidos em Antioquia "ao Senhor em quem eles chegaram a crer" (At 14,23).

Uma das passagens mais impressionantes nos Atos é quando Paulo e Barnabé estão em missão pela Ásia Menor, sem certeza quanto ao próximo destino. Eles haviam sido "impedidos pelo Espírito Santo de anunciar a palavra na Ásia". Mas, quando "tentaram dirigir-se à Bitínia", "o Espírito de Jesus não o permitiu" (At 16,6-7). "O Espírito de Jesus" é uma expressão muito incomum, que só tem um paralelo em Filipenses 1,19, em que Paulo fala da assistência/apoio "do Espírito de Jesus Cristo", que o apoia ao longo de todo o tempo de seu processo[66]. Nas duas passagens era claramente forte a convicção não

---

65. At 4,33; 8,16; 9,17; 11,17.20; 15,11.26; 16,31; 19,5.13.17; 20,21.24.35; 21,13.
66. "O Espírito de Cristo" é uma expressão usada também em Rm 8,9 e 1Pd 1,11. Na passagem anterior, é muito óbvio que "o Espírito de Cristo" é outra maneira de referir-se ao "Espírito de Deus".

só de que o poder que inspirara a missão de Paulo era o mesmo poder que havia inspirado a missão de Jesus, mas também de que esse poder havia demonstrado ou até assumido o caráter de Jesus e de sua missão. A missão deles [Paulo e Barnabé] era uma continuação da mesma missão. O Espírito que inspirava Paulo e Barnabé havia inspirado Jesus, e o caráter da missão de Jesus mostrava o caráter do Espírito que inspirava a missão deles. Foi presumivelmente dessa maneira que a compreensão cristã de Deus como Trindade chegou a expressar-se – a convicção de que Jesus não só foi inspirado pelo Espírito de Deus, mas também demonstrava o caráter do Espírito de tal modo que era possível referir-se ao Espírito muito naturalmente como "o Espírito de Jesus".

Os sermões em Atos

Tão interessante como é a narrativa lucana no tocante à cristologia em desenvolvimento dos primeiros cristãos, os desenvolvimentos mais interessantes na primitiva compreensão de Jesus são evidentes nas falas e sermões, um dos traços mais notáveis em Atos. Existem muitas referências a conversações e breves intercâmbios, mas os sermões se sobressaem:

Atos 2,14-36.39	Discurso de Pedro no dia de Pentecostes
Atos 3,11-26	Sermão de Pedro no Pórtico de Salomão
Atos 4,8-12	Resposta de Pedro às acusações perante o sinédrio de Jerusalém
Atos 4,24-30	Resposta dos crentes de Jerusalém à libertação de Pedro e João
Atos 7,2-53	Discurso de defesa de Estêvão perante o sinédrio de Jerusalém
Atos 8,30-35	Filipe dá testemunho do eunuco etíope
Atos 10,34-43	Exposição de Pedro a Cornélio e amigos

Atos 11,4-18	Explicação de Pedro acerca de suas ações em Jerusalém
Atos 13,16-41	Pregação de Paulo em Antioquia da Pisídia
Atos 15,13-21	Defesa de Tiago do fato de voltar-se para os gentios
Atos 15,23-29	Mensagem da Igreja de Jerusalém às novas igrejas
Atos 17,22-31	Sermão de Paulo em Atenas
Atos 20,17-35	Discurso de despedida de Paulo em Mileto
Atos 22,1-21	Primeira defesa de Paulo em Jerusalém
Atos 24,10-21	Defesa de Paulo diante do governador romano Félix
Atos 26,2-29	Defesa de Paulo diante do rei Agripa
Atos 28,25-28	Declaração final de Paulo em Roma

Como ocorre com todas as falas atestadas na literatura antiga, existe a questão de saber se são um registro verdadeiro do que foi realmente dito na ocasião ou se são simplesmente o trabalho da imaginação do autor[67]. Na verdade, é provável que Lucas tenha elaborado seu registro de acordo com a prática comum da época. Isso é indicado, sem dúvida, pela relativa brevidade das falas, que levariam apenas alguns minutos para serem ditas. Na verdade, é melhor considerá-las camafeus, miniaturas finamente trabalhadas, do que esboços ou abreviações. Ao mesmo tempo, no entanto, na maioria dos casos há uma individualidade e especificidade do material utilizado, que apontam para a conclusão de que

---

67. Diversas vezes citadas nas discussões sobre essa questão são as palavras do historiador grego Tucídides, muitas vezes considerado o maior dos historiadores antigos: "Quanto aos discursos pronunciados por diversas personalidades quando estavam prestes a desencadear a guerra ou quando já estavam engajados nela, foi difícil recordar com precisão rigorosa os que eu mesmo ouvi ou os que me foram transmitidos por várias fontes. Tais discursos, portanto, são reproduzidos com as palavras que, no meu entendimento, os diferentes oradores deveriam ter usado, considerando os respectivos assuntos e os sentimentos mais pertinentes à ocasião em que foram pronunciados, embora ao mesmo tempo eu tenha aderido tão estritamente quanto possível ao sentido geral do que havia sido dito" (Tucídides I, 22.1).

Lucas conseguiu utilizar e incorporar a tradição – não necessariamente algum registro ou reminiscência específica como tal, mas alguma tradição relacionada com as visões dos indivíduos e bem adaptada à ocasião e, no critério ponderado de Lucas, representativa dessas visões[68]. Na verdade, as falas de Atos mostram claros indícios de material não lucano, que foi presumivelmente o resultado de suas investigações e, por isso, proporciona matéria-prima para a proclamação e o ensino cristãos primitivos, porém apenas se for utilizado com cuidado. Elas representam a impressão que Lucas tem dos episódios e personagens que ele descreve, embora sejam história e teologia vistas pela lente de Lucas e que refletem também suas próprias preocupações.

Como dois exemplos, apresento a fala de Pedro na manhã do dia de Pentecostes (At 2,14-36.9) e seu sermão ao centurião romano Cornélio (At 10,34-43).

A fala de Pedro na manhã do dia de Pentecostes (At 2,14-36.9)

Existem aqui diversos indícios de que Lucas conseguiu utilizar uma tradição anterior. A fala é um bom exemplo de um sermão judaico – um midraxe sobre Joel 3,1-5, com textos de apoio tirados dos Salmos e com Atos 2,39 (aludindo novamente a Joel) rematando-o. A escatologia é surpreendentemente primitiva se comparada com o resto de Atos. Avalia-se que o próprio Lucas recua diante da crença de que a (nova) vinda de Cristo era iminente: ele parece limitar essa expectativa em outros lugares[69]; e, na perspectiva de Atos, a Igreja pare-

---

68. As afirmações de Lucas acerca de sua obra em dois volumes merecem o devido respeito: "Decidi também, após acurada investigação de tudo desde o início, escrever um relato ordenado" (Lc 1,3).
69. Particularmente Lc 19,11; 21,24; At 1,6-7.

ce destinada a durar um longo tempo, com uma escatologia das "últimas coisas" em vez da expectativa de que "o fim está próximo"[70]. Assim é digno de nota que a fala de Pedro mantém o tom primitivo da expectativa iminente: A citação de Joel substitui o "depois" hebraico pelo muito mais sugestivo "nos últimos dias" (At 2,17)[71]; e Atos 2,19-20 mantém as imagens apocalípticas da convulsão cósmica que aumentam a expectativa. A impressão dada pela passagem, de que "o grande e terrível dia do Senhor" (o dia do juízo) é iminente, indica novamente uma tradição muito antiga.

Particularmente, a própria cristologia parece primitiva em diversos pontos. O nome pessoal – "Jesus de Nazaré" (At 2,22), "Jesus" (At 2,32), "este Jesus" (At 2,36) – se perde rapidamente, em outros lugares do Novo Testamento, por trás do mais formal "Cristo" ou "Senhor". Jesus é descrito numa linguagem notavelmente não divina como "um homem de quem Deus deu testemunho diante de vós" (At 2,22), seu sucesso é mencionado em termos de "sinais que Deus por ele realizou" (At 2,22). "O Messias/Cristo" é ainda um título (At 2,31), ao passo que em outros lugares do Novo Testamento se tornou mais ou menos um nome próprio: "Jesus Cristo". Muito notável é a descrição de Jesus como o doador do Espírito, como resultado de sua exaltação (At 2,33) – uma expectativa que reflete provavelmente a influência do predecessor de Jesus, João Batista[72], mas que quase não aparece em outros lugares do Novo Testamento. Em alguns dos casos mais impressionantes, a ressurreição/ascensão é citada como evidência de que "Deus o constituiu Senhor e Messias" (At 2,36). Essa afirmação se deve muito provavelmente à primeira euforia de entusiasmo,

---

70. Note-se, por exemplo, que a ameaça do juízo final parece menos urgente em Atos 10,42 e 17,31.
71. Cf. Is 2,2; Mq 4,1.
72. Mc 1,8 par; cf. At 1,5.

mas a implicação de que Jesus foi *feito* Messias em sua ressurreição foi logo excluída e substituída por formulações mais cuidadosamente redigidas[73]. Visto que, no período em que Lucas escreveu, a cristologia estava muito mais desenvolvida, deve-se considerar improvável que Lucas estivesse tentando promover essas ênfases. É muito mais provável que ele as tenha extraído de tradições ou memórias que sua pesquisa (ou conhecimento geral) havia trazido à luz.

A conclusão, portanto, parece clara. Por mais que o primeiro sermão de Pedro deva à técnica composicional de Lucas, é muito provável que ele tenha conseguido utilizar fontes antigas para sua composição. Permanece improvável que qualquer pregação inicial tenha sido tão breve. Mas não é um esboço ou um sumário: contém um argumento completo e harmonioso. Podemos, por conseguinte, imaginar Lucas pesquisando intensamente junto aos que lembravam a mais antiga pregação da Igreja de Jerusalém e elaborando o sermão a partir dessas memórias e das ênfases que haviam perdurado desde o período mais primitivo dos inícios do cristianismo em Jerusalém até seu próprio tempo.

Discurso de Pedro a Cornélio (At 10,34-43)

O sermão de Pedro se situa na segunda metade da história da conversão do centurião gentio Cornélio. Porém, como sempre, é um primoroso camafeu lucano; teria levado pouco mais de um minuto para ser pronunciado. Atos 10,44 sugere, e Atos 11,15 afirma explicitamente, que a fala mal tinha começado quando o interveio o Espírito. Mas, como de costume nos camafeus lucanos, esse é um todo belamente torneado, em que nada mais precisa ser dito.

---

73. Mas, cf. At 13,33; Hb 1,5; 5,5.

A estrutura é suficientemente clara. O corpo principal da fala (At 10,36-43) é construído em torno de cinco alusões escriturísticas:

Atos 10,34 || Deuteronômio 10,17	Deus não é parcial, um princípio fundamental da justiça judaica, muitas vezes ecoado na antiga literatura judaica[74].
Atos 10,36 || Salmo 107,20	"Enviou sua palavra para curá-los".
Atos 10,36 || Isaías 52,7 (menos claro)	"Os que pregam a paz". Ambos os textos em Atos 10,36 podem muito bem ter pertencido a um arsenal primitivo de textos cristãos: Salmo 107,20 é ecoado novamente em Atos 13,26 e Isaías 52,7 é citado em Romanos 10,15 como parte de uma cadeia de textos.
Atos 10,38 || Isaías 61,1	"Ungido pelo Espírito Santo".
Atos 10,39 || Deuteronômio 21,22	"Pendurado numa árvore". Que isto fazia parte da antiga polêmica contra a crença num Messias crucificado pode ser insinuado por Gálatas 3,13 – "Maldito quem está suspenso num madeiro" (1Cor 1,23). Essa polêmica fazia possivelmente parte da motivação de Paulo enquanto perseguidor. Esse jogo com o Deuteronômio não é desenvolvido em outros lugares.

A essas alusões seguem-se a narrativa familiar da morte e ressurreição de Jesus e um chamado implícito à fé e à promessa de perdão. Contém os mesmos traços lucanos, mas também possivelmente traços mais antigos: responsabilidade judaica pela execução de Jesus (At 10,39); o tema do testemunho três vezes repetido (At 10,39.41.43); a ressurreição como algo "manifesto" (At 10,40.41); a menção do nome de Jesus (At 10,43); porém, agora também uma escatologia mais distante, menos urgente (At 10,42), sugerindo uma perspectiva temporal mais longa.

---

74. 2Cr 19,7; Eclo 35,12-13; Jubileus 5,16; 21,4; 30,16; 33,18; 1Henoc 63,8; Salmos de Salomão 2,18; Pseudo-Fílon 20,4; 2Baruc 13,8; 44,4; como também Paulo (Rm 2,11).

Mas mais uma vez existem traços primitivos:

1. A mensagem centrada em Israel (At 10,36.42)[75];
2. "Vós sabeis", talvez insinuando um público judeu (At 10,37);
3. O ambiente de João Batista e seu batismo no início e como o início da missão de Jesus (At 10,37; At 1,22; 13,24);
4. Jesus é identificado como "o homem de Nazaré" (At 10,38), precisando ainda ser identificado, um título mais importante ainda não assumido (At 2,22);
5. Deus o ungiu com o Espírito e com poder (At 10,38). Em outras palavras, ele é apresentado como um profeta inspirado – uma cristologia primitiva. O eco de Is 61,1 pode refletir a autocompreensão do próprio Jesus como é insinuado em Lucas 6,20 e 7,22, mas não é característico da cristologia intensificada da segunda geração;
6. A missão de cura de Jesus é descrita em termos comedidos (boas ações e exorcismos) e seu sucesso é novamente atribuído ao fato de que "Deus estava com ele" (At 10,38; At 2,22). É uma descrição que pode ter vindo da boca de qualquer observador simpático do ministério de Jesus. A justaposição desse retrato muito moderado de Jesus à afirmação confessional final de Atos 10,36 ("Ele é o Senhor de todos") é impressionante;
7. O tema da inversão do sofrimento – eles o mataram, mas Deus o ressuscitou (At 10,39-40) – ainda não é uma doutrina da expiação. "No terceiro dia" (At 10,40) não tem paralelo em Atos, mas já está sacramentado na primeira fórmula confessional recebida por Paulo após sua conversão (1Cor 15,4);
8. Que Jesus foi nomeado "juiz dos vivos e dos mortos" é um traço distintivo. Pode ser algo antigo: o fato de Deus ter escolhido outros para compartilharem seu papel de

---

75. Cf. At 3,25.

juiz final está refletido na especulação judaica do período relacionado com heróis como Henoc e Abel[76], bem como na primeiríssima tradição cristã (Lc 22,30; 1Cor 6,2); e a identificação de Jesus com a figura de aparência humana ("alguém como um filho de homem") na visão de Daniel 7,13-14 pode ter reforçado o elo no caso de Jesus. Por outro lado, a formulação carece notavelmente de qualquer senso de urgência[77], e soa mais como uma doutrina das últimas coisas, modelada à luz do fato de o retorno de Jesus ter sido adiado consideravelmente[78];

9. As alusões escriturísticas observadas acima, em torno das quais a fala foi moldada, aparecem todas bem cedo na reflexão cristã acerca de Jesus e de sua morte, e não são características da cristologia intensificada dos anos subsequentes.

Além disso, Atos 10,34-35 parece uma introdução acrescentada a um material já existente para enquadrá-lo no contexto: o pulo de Atos 10,35 para Atos 10,36 é um tanto abrupto ("Vós conheceis a mensagem que ele enviou [...]"). É possível de fato que os versículos 34-35 e 43 tenham sido acrescentados a um tronco já razoavelmente coerente.

Uma hipótese plausível que leva em conta todos os detalhes listados acima é que Lucas moldou seu camafeu de acordo com alguma tradição da primeira pregação aos gentios tementes a Deus. Isso explicaria a leve tensão entre as formulações mais tradicionais e a dimensão mais universal evidente em Atos 10,34-35. 37. 39 ("na Judeia e em Jerusalém") e Atos 10,43 ("todo aquele que nele crer"). Em todas as ocorrências pare-

---

76. Jubileus 4,17-24; 1Henoc 12-16; Testamento de Abraão (A) 13,3-10; Testamento de Abraão (B) 10; 11,2; 2Henoc 22,8; 11QMelch 13-14.
77. Cf. também At 17,31; contrastar com At 3,19-20.
78. Mas cf. 1Pd 4,5 e 2Tm 4,1.

ce que Lucas seguiu a prática de Tucídides de pôr na boca de cada orador "os sentimentos mais pertinentes à ocasião em que foram pronunciados", manifestados como ele imaginava que o orador provavelmente os expressaria, embora ao mesmo tempo se tenha empenhado, o máximo possível, em "aderir ao sentido geral do que havia sido dito".

Sem entrar num longo exame de todas as falas presentes em Atos, podemos inferir, a partir do breve exame dessas duas, que elas proporcionam um valioso testemunho daquilo que os primeiros discípulos acreditavam, pregavam e ensinavam nos primeiros tempos do cristianismo. Como Lucas teve acesso a esse material? Provavelmente ele não viu versões escritas dessas falas; isso suporia uma sociedade e um ambiente literários totalmente improváveis nos inícios do cristianismo. Contudo, na sociedade oral, que devemos imaginar para os grupos e comunidades cristãos mais primitivos, é pronta e apropriadamente possível imaginar as falas, sermões e ensinamentos de figuras eminentes (os apóstolos) proporcionando material, temas e ênfases, alegações e argumentos, que foram retomados pelos que surgiram como mestres e anciãos dos grupos individuais e das comunidades em sua própria pregação e ensino. Muitas dessas ênfases e argumentos podem ter sido substituídos pela posterior reflexão e instrução no interior dessas comunidades e à medida que o movimento que representavam se difundiu e desenvolveu. Vimos alguns exemplos nos dois sermões atribuídos a Pedro. Mas Lucas deve ter tido pouca dificuldade de encontrar mestres mais velhos e anciãos que ainda podiam recordar essas ênfases e argumentos dos primeiros tempos, embora a tradição viva das Igrejas os tivesse agora deixado para trás. Consequentemente, não deveríamos ficar desconcertados com a afirmação de que as falas em Atos dão um bom conhecimento histórico das mais antigas crenças cristãs acerca de Jesus.

Jesus de acordo com os sermões em Atos

Portanto, quais são os traços distintivos na maneira como os Atos apresentam Jesus nos sermões registrados por Lucas?

Enquanto Jesus proclamou o reino de Deus, os sermões em Atos *proclamam Jesus*. Jesus se tornou o conteúdo da mensagem; o proclamador se tornou o proclamado. Em particular, *o foco principal recai sobre a ressurreição de Jesus*. Repetidas vezes constitui o impulso central da mensagem tanto aos judeus quanto aos gentios:

Atos 2,14-36	Pedro diante da multidão de Jerusalém: "Deus o ressuscitou, livrando-o das angústias da morte [...] A esse Jesus Deus ressuscitou e disso todos nós somos testemunhas" (At 2,24-32).
Atos 3,12-26	E novamente: "Matastes o Autor da vida, que Deus ressuscitou dos mortos. Disso nós somos testemunhas. [...] Quando Deus ressuscitou seu servo, enviou-o primeiro a vós, para que vos abençoe".
Atos 4,1-2	As autoridades do templo ficaram "muito aborrecidas porque eles [Pedro e João] estavam ensinando ao povo e proclamando que em Jesus se cumprira a ressurreição dos mortos".
Atos 4,10-11	Pedro testemunhando diante do sinédrio de Jerusalém: "É pelo nome de Jesus Cristo Nazareno, que vós crucificastes e que Deus ressuscitou dos mortos, que este homem está diante de vós gozando de boa saúde".
Atos 4,33	"Com grande eficácia os apóstolos davam testemunho da ressurreição do Senhor Jesus".
Atos 5,30	Pedro diante do sinédrio de Jerusalém: "O Deus de nossos pais ressuscitou Jesus, a quem matastes, suspendendo-o num madeiro".

Atos 10,39-40	Pedro pregando ao centurião romano Cornélio: "Eles o mataram, suspendendo-o num madeiro; mas Deus o ressuscitou ao terceiro dia e permitiu que aparecesse [...] a nós, testemunhas que Deus havia escolhido".
Atos 13,29-37	Paulo pregando em Antioquia da Pisídia: "Desceram-no do madeiro e o depositaram num túmulo. Mas Deus o ressuscitou dos mortos. [...] A promessa feita aos nossos pais, Deus a cumpriu para nós, seus filhos, ressuscitando Jesus". Paulo prossegue citando Sl 2,7; Is 55,3; e Sl 16,10.
Atos 17,18	Alguns atenienses pensavam que Paulo era "um pregador de divindades estrangeiras [...] porque lhes anunciava a boa nova de Jesus e a ressurreição".
Atos 17,31	Paulo pregando no Areópago em Atenas: "Ele [Deus] fixou um dia em que julgará o mundo com justiça por meio de um homem que ele escolheu, dando a todos uma garantia ao ressuscitá-lo dos mortos".
Atos 24,21	Paulo fazendo sua autodefesa diante do governador romano Félix em Jerusalém: "Por causa da ressurreição dos mortos sou julgado hoje diante de vós".

Isso é tanto mais impressionante porque nos sermões de Atos quase não se mostra preocupação com o ministério de Jesus pré-ressurreição; as únicas referências estão em Atos 2,22 e 10,36-39. Mais impressionante ainda, os sermões reais em Atos contêm notavelmente poucos ecos da mensagem e dos ensinamentos do próprio Jesus[79]. Não é ocioso, portanto, perguntar: "Qual é a continuidade entre a proclamação do reino por Jesus e a proclamação da ressurreição de Jesus em Atos?" Um corolário importante da concentração na ressurreição de Jesus em Atos é a ausência de qualquer teologia concernente *à morte de Jesus*. Sua morte é mencionada, sem dúvida, mas apenas como um mero fato (geralmente ressaltando a responsabilidade dos judeus). O fato histórico, no en-

---

79. Cf., no entanto, as referências ao "reino de Deus" (At 8,12; 14,22; 19,8; 20,25; 28,23.31; cf. também At 20,25).

tanto, não é interpretado[80]. Nunca se diz, por exemplo, que "Jesus morreu por nossa causa" ou "por nossos pecados". Não há nenhuma sugestão de que a morte de Jesus fosse um sacrifício. As poucas alusões breves a Jesus como Servo (em Segundo Isaías) retomam o tema da justificação subsequente ao sofrimento, não do sofrimento vicário como tal[81]. De maneira semelhante, a alusão a Deuteronômio 21,22-23 em Atos 5,30 e 10,39 ("suspendendo-o num madeiro") (At 13,29) parece projetada (por Lucas) para realçar a vergonha e ignomínia de Jesus e assim servir ao motivo da humilhação-justificação; deduzir a teologia de Gálatas 3,13 dessas referências de Atos é atribuir ao texto mais do que uma exegese sadia permite. E até mesmo Atos 20,28 ("a Igreja do Senhor [ou de Deus] que ele adquiriu com seu próprio sangue [ou com o sangue de seu Filho]") – que, propriamente falando, não faz parte da proclamação evangelística – permanece mais do que um pouco enigmática e obscura. Resumindo: *uma teologia explícita da morte de Jesus está notavelmente ausente na proclamação dos sermões de Atos.*

Aqui somos outra vez confrontados com uma variação impressionante; porque a suficiência vicária da cruz é um traço proeminente do Evangelho de Paulo[82], como o é em 1Pedro e Hebreus, para não mencionar Marcos 10,45. Se esse traço de Atos é uma verdadeira representação do evangelho primitivo ou um reflexo da teologia do próprio Lucas não está inteiramente claro. A presença de "por nossos pecados" no evangelho transmitido a Paulo (1Cor 15,3) e o fato de Lucas omitir Marcos 10,45, ou pelo menos preferir uma versão significativamente diferente do dito (Lc 22,26), sugere esta última possibilidade.

---

80. At 2,23.36; 3,13-15; 4,10; 5,30; 7,52; 10,39; 13,27-28.
81. At 3,13.26; 4,27.30; cf. também: At 8,30-35.
82. Rm 3,25; 1Cor 15,3; 2Cor 5,14-21.

MARCOS 10,45	LUCAS 22,26
"O Filho do homem não veio para ser servido, mas para servir e dar a vida em resgate de muitos".	"O maior entre vós seja como o menor, e quem manda seja como quem serve".

Uma explicação possível é que Lucas foi um tanto influenciado pelo judaísmo da diáspora de seu tempo, que também procurava depreciar o conceito de expiação pelo sacrifício; o templo de Jerusalém havia sido destruído e, portanto, o sistema sacrificial judaico havia terminado. Seja como for, no que concerne ao evangelho pregado nos sermões de Atos, devemos dizer que lhe falta uma teologia da cruz e não faz nenhuma tentativa de atribuir um significado expiatório definido à morte de Jesus.

Ausência da tensão entre cumprimento e fim iminente

Nos sermões de Atos está completamente ausente *a tensão entre cumprimento e consumação iminente*, que era um traço tão proeminente da proclamação do reino por Jesus[83] e que é igualmente forte na mensagem de Paulo[84]. A parusia, ou segunda vinda de Jesus, o equivalente mais próximo da vinda do reino de Deus na mensagem de Jesus, é notável pela sua *falta* de proeminência. O sentimento de sua iminência mal e mal abre caminho entre a formulação de Lucas em Atos 3,20-21; e o dia do juízo dificilmente parece oferecer mais do que uma ameaça distante – certamente não uma crise ime-

---

83. Cf., por exemplo, Mt 13,16-17 || Lc 10,23-24; Mt 12,41-42 || Lc 11,31-32.
84. Marcada particularmente pela guerra entre "carne" e "espírito" (Rm 8,1-17; Gl 5,16-17) e no cabo de guerra entre "velha natureza" e "nova natureza" (Rm 7,22-25; Ef 4,22-24; Cl 3,5-10).

diata como Jesus imaginava[85]. Também está ausente um forte tom de escatologia realizado, a convicção de que os últimos dias já chegaram está presente em Atos 2,15-25 e 3,24, mas fora disso totalmente ausente.

Aqui o contraste é completamente surpreendente. Porque Jesus proclamou a presença das bênçãos do fim dos tempos e a iminência do reino como uma parte importante de sua mensagem[86]. Da mesma forma, Paulo acreditava firmemente que a ressurreição de Jesus e o dom do Espírito eram o início (as primícias) da colheita do fim dos tempos[87]. E, na maior parte de seu ministério, Paulo proclamou a iminência da parusia e do fim[88]. Particularmente digno de nota é o fato de Paulo preservar em 1Coríntios 16,22 um grito aramaico vindo da Igreja primitiva – "*Maranatha*; Nosso Senhor vem!" É quase impossível que as primeiras comunidades de crentes em Jerusalém e na Palestina não tivessem esse mesmo senso de fervor e urgência escatológicos. Na verdade, a comunidade de bens, a que Lucas se refere em Atos 2,44-45 e 4,34-37, é mais bem explicada como uma expressão desse tipo de entusiasmo escatológico – as propriedades eram vendidas sem muita preocupação com as necessidades de um ano, pressupondo-se, presumivelmente, que Cristo retornaria antes desse prazo. Consequentemente, parece inevitável a conclusão de que Lucas ignorou ou suprimiu esse elemento da primeira proclamação e da comunidade, presumivelmente porque o lapso de tempo e adiamento da parusia tornara menos apropriado lembrá-lo e celebrá-lo.

---

85. At 10,42; 17,31; 24,25.
86. Cf. a análise completa no capítulo 12 de James Dunn (2022).
87. 1 Cor 15,20.23; Rm 8,23.
88. Cf. especialmente 1Ts 1,10; 4,13-18; 1Cor 7,29-31.

Papel limitado do Jesus exaltado

Apesar do que podemos presumir ser o sentimento de Lucas de que se abrira uma longa lacuna de tempo entre a ressurreição e a parusia de Jesus, e apesar de sua ênfase na ressurreição de Jesus, *não existe quase nenhum papel atribuído a Jesus exaltado* em Atos. Evidentemente, a doação do Espírito pelo Jesus exaltado em Pentecostes marcou o início de uma nova época da história da salvação (At 2,33) – na verdade, "os últimos dias" (At 2,17). E Lucas não hesita em atribuir tanto a Pedro quanto a Paulo a convicção de que Jesus seria o juiz no fim dos tempos (At 10,42; 17,31). Além disso, pensava-se que o Jesus exaltado era presumivelmente a autorização por trás dos que agiam "em nome de Jesus"[89], e ele aparece em muitas visões[90]. Mas não existe nada do rico sentimento de união entre o crente e o Senhor exaltado, que, como veremos, é um traço tão característico da mensagem de Paulo (e de João). Lucas nunca usa uma das expressões favoritas de Paulo – "em Cristo". E a relação entre Senhor exaltado e Espírito Santo, que Paulo e João manejam tão sensivelmente[91], é apenas insinuada em Atos (At 16,6-7). Até mais impressionante, e na verdade surpreendente, é a total ausência em Atos do conceito e da experiência de filiação, algo tão central tanto para Jesus[92] quanto para Paulo, que conserva para nós a oração aramaica das primeiras Igrejas, "*Abba!* Pai!", e algo da intensidade da experiência que elas tinham de uma filiação compartilhada com Cristo (Rm 8,15-16; Gl 4,6-7).

Deus como sujeito

Finalmente, sob o tópico da proclamação de Jesus em Atos, devemos notar o forte elemento "subordinacionista" presente

---

89. At 2,38; 3,6; 4,10.30; 8,16; 10,48; 16,18; 19,5 – e cf. At 9,34.
90. At 7,55-56; 9,10; 18,9; 22.17-18; 23,11; 26,16.19.
91. Rm 1,3-4; 8,9-11; 1Cor 12,3-13; 15,45; Jo 14,15-16.26; 16,7-15.
92. Cf. particularmente Mc 14,36; Lc 11,2 || Mt 6,9; Mt 11,25-26 || Lc 10,21.

nos sermões de Atos. Só raramente Jesus é retratado como o *sujeito* da ação descrita; tudo o que ele faz – ministério, ressurreição, exalação, etc. – é atribuído a Deus – por exemplo:

Atos 2,22	"Jesus de Nazaré, um homem de quem Deus deu testemunho diante de vós com atos de poder, prodígios e sinais, que Deus fez por ele entre vós".
Atos 2,32	"A esse Jesus Deus ressuscitou e disso todos nós somos testemunhas".
Atos 3,26	"Deus ressuscitou seu servo e o enviou primeiro a vós".
Atos 5,30-31	"O Deus de nossos pais ressuscitou Jesus. [...] Deus o exaltou por sua mão direita como Chefe e Salvador".
Atos 10,38.40	"Deus ungiu Jesus com o Espírito e com poder. [...] Deus o ressuscitou ao terceiro dia e permitiu que aparecesse".

A única referência à parusia é moldada em termos de Deus *enviando* o Cristo (At 3,20). E nas duas referências a Jesus como juiz afirma-se especificamente que Deus o nomeou para esse cargo (At 10,42; 17,31, em que Jesus nem sequer é mencionado pelo nome). Além disso, em pelo menos duas ocasiões deveríamos falar mais precisamente de uma ênfase "adocionista" nos sermões de Atos, em que a ressurreição introduz Jesus num novo *status* como Filho, Messias e Senhor:

| Atos 2,32-36 | "A esse Jesus Deus ressuscitou [...] sendo exaltado à direita de Deus [Sl 110,1]. [...] Todo Israel saiba, portanto, com a maior certeza, que este Jesus [...] Deus o constituiu Senhor e Cristo" |
| Atos 13,32-33 | "A promessa feita aos nossos pais, Deus a cumpriu para nós, seus filhos, ressuscitando Jesus" (citando Sl 2,7; Is 55,3; e Sl 16,10). |

Isso concorda muito bem com outras formas provavelmente primitivas de pregação cristã (Rm 1,3-4; Hb 5,5) e, por isso, reflete muito provavelmente a ênfase das primeiras comunidades. Mas contrasta notavelmente com a visão cósmica de Cristo que encontramos sobretudo nas cartas paulinas posteriores e no Apocalipse.

Outras ênfases da pregação da boa nova em Atos

Outras ênfases características do retrato da pregação da boa nova de Jesus em Atos são também dignas de nota.

Apelo ao arrependimento e à fé

Assim como ocorre na proclamação do próprio Jesus, a boa nova dos sermões de Atos emite um *apelo ao arrependimento e à fé*. Aqui a diversidade é um tanto interessante. Porque, por um lado, a exigência de arrependimento em Atos é rigorosamente paralela à de Jesus:

Marcos 1,15	Marcos resume a pregação de Jesus: "Completou-se o tempo e o reino de Deus está próximo; arrependei-vos e crede na boa nova".
Atos 2,38	Pedro conclui seu sermão de Pentecostes: "Arrependei-vos e cada um seja batizado em nome de Jesus Cristo".
Atos 3,19	Pedro fala ao povo após a cura do mendigo coxo: "Arrependei-vos, pois, e convertei-vos para se apagarem os vossos pecados".
Atos 17,30	Paulo conclui sua fala no Areópago em Atenas: "Sem levar em conta os tempos da ignorância, Deus convida agora a todos em toda parte a se converterem".
Atos 26,19-20	Autodefesa de Paulo diante do rei Agripa: "Não fui desobediente à visão celeste. Ao contrário, tenho pregado [...] também aos gentios que se arrependam e se convertam a Deus por meio de obras dignas de penitência".

Assim é clara a coerência entre a pregação de Jesus e a dos apóstolos. Mas, um tanto surpreendentemente, isso está em notável contraste com os escritos do próprio Paulo e do próprio

João. Paulo de fato tem pouco ou nada a dizer acerca do arrependimento como tal[93], e João não usa absolutamente a palavra.

Em compensação, porém, no apelo à fé a semelhança e a dissemelhança correm em direções opostas. Lucas refere-se regularmente aos primeiros cristãos como "os crentes" ou "os que acreditaram"[94]; e essa ênfase na fé como característica definidora é rigorosamente paralela ao autor do Evangelho de João, que usa o termo "crer" 98 vezes, e também às cartas paulinas, que usam o verbo e o substantivo cerca de duzentas vezes. Porém, o apelo dirige-se especificamente à fé *no Senhor Jesus*[95], e isso separa claramente o evangelho presente em Atos do evangelho do próprio Jesus.

Outro aspecto da apresentação da fé por Lucas nas primeiras comunidades talvez deva também ser mencionado, já que é tão característico dos Atos e os diferencia do resto dos escritos do Novo Testamento. Refiro-me à maneira como Lucas interpreta a fé em Cristo como o efeito do milagre aparentemente sem quaisquer dúvidas nesse ponto[96], ao passo que em outros lugares do Novo Testamento esse valor propagandístico evangelístico do milagre é um tanto depreciado[97].

Promessa de perdão, salvação ou o dom do Espírito

Ao apelo ao arrependimento e à fé está vinculada uma *promessa* – em Atos geralmente em termos de *perdão*[98], *salvação*[99] ou *o dom do Espírito*[100]. Aqui é um tanto mais extensa a sobreposição com as outras proclamações do Novo

---

93. Rm 2,4; 2Cor 7,9-10; 12,21.
94. At 2,44; 4,32; 5,14; 15,5; 18,27; 19,18; 21,20.25; 22,19.
95. At 9,42; 11,17; 14,23; 16,31.
96. At 5,12-14; 9,42; 13,12; 19,17-18.
97. Mc 8,11-12; Mt 12,18-39 || Lc 11,29; Jo 2,23-25; 4,48; 20,29; 2Cor 13,3-4.
98. At 2,38; 3,19; 5,31; 10,43; 13,38-39; 26,18.
99. At 2,21; 4,12; 11,14; 13,26; 6,31.
100. At 2,38-39; 5,32; cf. também: At 8,15-17; 10,44-47; 9,1-6.

Testamento. A pregação de Jesus apresenta a oferta de perdão e acolhimento, e a ideia de justificação de Paulo não está muito afastada da ideia do perdão – embora a própria palavra "perdão" ocorra apenas em Ef 1,7 e Cl 1,14 nos escritos paulinos e nenhuma vez nos escritos joaninos. A ideia de salvação (substantivo ou verbo) é frequentemente atribuída a Jesus nos três primeiros Evangelhos[101] e é usada regularmente por Paulo[102], embora apareça pouco nos escritos joaninos (sete vezes). Com a promessa do Espírito a sobreposição é diferente. Jesus falou muito pouco acerca do Espírito como tal, pelo menos de acordo com a evidência. Só Marcos 13,11 poderia ser considerado uma promessa do Espírito em tempos de julgamento. Mas o Espírito faz muito claramente parte da mensagem evangélica básica tanto para Paulo quanto para o círculo joanino[103].

Novamente o que é um tanto notável em Atos é a ausência de qualquer corolário ético ao evangelho que Atos interpreta. Lucas sugere que os crentes se mantenham unidos em mútua dependência: não existem cristãos isolados[104]. Mas há pouca coisa em Atos acerca de uma obrigação moral resultante da aceitação da proclamação de Jesus. O mais surpreendente é o fato de que tanto o substantivo "amor" quanto o verbo "amar" nunca ocorrem em Atos, ao passo que é parte integrante da mensagem de Jesus[105], das cartas

---

101. Mc 3,4; 5,34; 8,35; 10,52; etc.

102. Rm 1,16; 5,9-10; 8,24; 9,27; 10,1.9-10.13; etc.

103. Cf., por exemplo, Rm 2,29; 8,2; 9,15; 1Cor 6,11; 12,13; 2Cor 1,22; Gl 3,2-3; Jo 3,5-8; 7,39; 20,22; 1Jo 2,27; 3,24.

104. Aqui está parte do significado dos episódios ocorridos em Atos 8 e 18,24-19,7.

105. Jesus *reduziu* de fato a exigência de Deus à única palavra "amor". O primeiro e maior mandamento é "Amarás o Senhor teu Deus de todo o teu ser e o teu próximo como a ti mesmo" (Mc 12,8-31); tudo o que impede a expressão desse amor, até mesmo a própria lei, deve ser posto de lado e ignorado (Mt 5,38-48).

paulinas (108 casos) e das joaninas (95 vezes). Aqui o contraste é totalmente impressionante.

* * *

Podemos falar de um único evangelho em Atos, de uma apresentação comum de Jesus? Podemos reconhecer nos diferentes sermões reproduzidos por Atos um esboço regular que, a nosso ver, proporciona um núcleo sólido e que podemos considerar a proclamação básica ou principal de Jesus pela Igreja primitiva, pelo menos na apresentação que Lucas dela faz? A resposta é afirmativa. Os elementos mais regulares e básicos são estes:

- a proclamação da ressurreição de Jesus;
- o apelo a uma resposta a essa proclamação, ao arrependimento e à fé em Jesus;
- a promessa de perdão, de salvação e do Espírito aos que respondem dessa maneira.

A apresentação de Jesus (o Evangelho de acordo com Atos) é clara, e sua flexibilidade (o mesmo, porém diferente) é muito bem ilustrada.

5

Jesus de acordo com Paulo
PARTE I

Para os cristãos em geral Jesus está, evidentemente, no centro de sua fé. E Pedro, como discípulo principal de Jesus, incumbido tão vigorosamente pelo próprio Jesus, de acordo com Mateus (Mt 16,17-19) e também João (Jo 21,15-17), foi sempre altamente conceituado. Mas, para os crentes gentios, o grande herói, aquele que trabalhou mais do que qualquer outro para levar até eles o evangelho, é Paulo – Saulo, o perseguidor que, encontrado por Jesus ressuscitado no caminho para Damasco (At 9,3-8), tornou-se o apóstolo Paulo, o apóstolo dos gentios. Os familiarizados com o relato de Atos sobre os inícios do cristianismo logo lembrarão as jornadas missionárias de Paulo, que dominam a segunda metade dos Atos. Os mapas mediterrâneos do tempo exibem prontamente essas jornadas, muitas vezes fascinando os alunos quando as estudam pela primeira vez[106]. De fato, pode-se dar tanta atenção às jornadas missionárias de Paulo que sua preocupação

---

106. Cf. Apêndice 2 no final desta obra.

em consolidar as Igrejas por ele fundadas pode facilmente ser ignorada. É verdade que, na primeira jornada missionária (At 13-14), Paulo não permaneceu por muito tempo em nenhum lugar determinado, antes de retornar à Igreja a ele confiada em Antioquia da Síria (At 14,26-28). Mas é fácil não perceber o fato de que, daí em diante, a missão de Paulo se concentrou mais na região do Mar Egeu, com sede em Corinto (At 18,1-18), e depois em Éfeso (At 19,8-10). E suas cartas, aos Coríntios em particular, proporcionam ricos e fascinantes indícios dos desafios que enfrentou e da maneira como os administrou.

Um resultado dessa mudança de foco da Síria para o Mar Egeu foi que Paulo se tornou mais independente e provavelmente mais distante do centro palestino do novo movimento. Isso é mostrado por dois desenvolvimentos em particular. Um é que os crentes tradicionais na Síria/Palestina começaram a suspeitar cada vez mais que Paulo estava ampliando demais o apelo da boa nova de Jesus para os gentios e diminuindo o que consideravam parte essencial dele, particularmente sua judeidade, e em especial o requisito judaico característico da circuncisão para os futuros prosélitos. Intrigantes são os indícios tanto em Atos como nas cartas do próprio Paulo de que havia pessoas que consideravam a missão de Paulo uma ameaça àquilo que imaginavam fundamental para a mensagem de Jesus[107].

Também intrigantes são os indícios de que Paulo procurou opor-se a essas suspeitas fazendo uma coleta para os pobres entre os santos em Jerusalém[108]. Tão determinado estava ele a entregar esse dom provavelmente substancial, que descartou os perigos que lhe eram evidentes (Rm 15,31), perigos que foram rapidamente confirmados quando foi cercado e detido em Jerusalém (At 21,27-36). O que aconteceu com a coleta

---

107. Por exemplo, At 15,1.5; 18,12-13; 2Cor 10-13; Gl 1,6-9; 3,1-5.26.
108. Rm 15,25-29; 1Cor 16,1-4; 2Cor 8-9.

que Paulo trouxe consigo? Ironicamente, Lucas não se refere de forma explícita à doação trazida por Paulo, aludindo a ela apenas em Atos 24,17. Dificilmente podemos fazer outra coisa senão inferir que Lucas estava embaraçado pelo evidente fracasso da tentativa de Paulo de reconciliar-se com a liderança de Jerusalém. O fato de não mencionar qualquer tentativa dessa liderança de defender Paulo ou assisti-lo em sua prisão em Jerusalém é com certeza tristemente agourento. Vemos aqui o início da fratura entre o cristianismo judaico e o cristianismo gentio, que no devido tempo fez com que o cristianismo judaico fosse considerado uma forma de heresia primitiva.

Característica distintiva do Evangelho de Paulo

De fato, em grande parte o Evangelho de Paulo é característico, mas deveríamos pelo menos começar observando alguns pontos que podem facilmente ser deixados de lado.

Evangelho

A boa nova de Jesus é sintetizada no termo "evangelho". Quase não nos damos conta de que o cristianismo deve esse termo a Paulo[109]. O termo ocorre 76 vezes no Novo Testamento. E não menos de sessenta dessas encontram-se em Paulo – por exemplo:

Romanos 1,1	"Paulo, servo de Jesus Cristo, chamado a ser apóstolo, separado para o evangelho de Deus".
Romanos 1,15-16	"Portanto, estou pronto para anunciar o evangelho também a vós que estais em Roma. Com efeito, não me envergonho do evangelho. Ele é uma força de Deus para a salvação de todo aquele que tem fé, em primeiro lugar do judeu, mas também do grego".

---

109. Como foi observado anteriormente no capítulo 2.

Romanos 15,19	"Desde Jerusalém e seus arredores até a Ilíria, completei a pregação do evangelho de Cristo".
1Coríntios 4,15	"Fui eu quem vos gerou em Cristo pelo evangelho".
1Coríntios 9,14	"Pois assim ordenou o Senhor aos que anunciam o evangelho: que vivam do evangelho".
2Coríntios 11,4.7	"Se chega alguém e anuncia outro Jesus, diferente daquele que vos anunciei, ou se recebeis [...] um outro evangelho, diferente daquele que recebestes. [...] Acaso cometi alguma falta ao anunciar-vos gratuitamente o evangelho de Deus?"
Gálatas 1,6-7	"Admiro-me que passastes [...] para um evangelho diferente. De fato, não há outro evangelho, mas pessoas que [...] pretendem deturpar o evangelho de Cristo".

Paulo provavelmente tomou o termo do Segundo Isaías, em que a forma verbal "anunciar a boa nova" é usada em passagens que evidentemente influenciaram muito Jesus e também seus discípulos. Em Isaías 40,9, Sião/Jerusalém é exortada a uma renovada confiança de ser o "arauto de boas novas". Isaías 52,7 saúda "o mensageiro que traz boas novas, que anuncia a salvação, que diz a Sião: 'Teu Deus reina'". De maneira semelhante, Isaías 60,6 olha esperançosamente para os que "proclamarão os louvores do SENHOR". E a mais famosa de todas as profecias, Isaías 61,1-2, profetiza: "O espírito do Senhor DEUS repousa sobre mim, porque o SENHOR me ungiu. Enviou-me para levar uma boa nova aos pobres [...] para proclamar o ano da graça do SENHOR".

Lucas 4,17-21 mostra que essa última passagem influenciou particularmente Jesus e podemos provavelmente ver sua influência na primeira das bem-aventuranças de Jesus (Lucas 6,20 – "Felizes sois vós, os pobres, porque vosso é o reino de Deus"). Mais impressionante ainda é a resposta de Jesus à indagação de João Batista se Jesus era de fato aquele cuja vinda ele [o Batista] havia anunciado. Jesus replica que a resposta é evidente no que ele está realizando – "os cegos veem, os coxos andam, os leprosos ficam limpos, os surdos ouvem, os mortos ressuscitam e [o clímax] aos pobres é levada a boa nova" (Lc 7,22 || Mt 11,5). Também Paulo foi influenciado pelas mesmas passagens, como mostra claramente Romanos 10,15; e, conforme observado no capítulo 2, foi Paulo quem transformou o verbo "pregar boas novas" no termo técnico cristão, o substantivo "evangelho", ou seja, "a boa-nova". E é graças a Paulo que temos uma boa ideia da maneira como os primeiros cristãos sintetizavam-na:

> Eu vos transmiti, em primeiro lugar, o que eu mesmo recebi: que Cristo morreu por nossos pecados, segundo as Escrituras; que foi sepultado; que ressuscitou ao terceiro dia, segundo as Escrituras; e que apareceu a Cefas e depois aos Doze. Posteriormente apareceu a mais de quinhentos irmãos de uma vez. [...] Depois apareceu a Tiago, depois a todos os apóstolos. E por último apareceu também a mim, como a um filho abortivo (1Cor 15,3-8).

Aqui, evidentemente, não estamos falando da característica distintiva do Evangelho de Paulo. O que é característico é seu cuidado em deixar claro que seu evangelho *não* é característico: era o evangelho que ele havia recebido quando se converteu. A característica distintiva é que Paulo precisou fazer essa afirmação e não há dúvida de que teve de repeti-la de fato muitas vezes. Porque ele não havia sido um discípulo de Jesus. E seu papel anterior de perseguidor dos crentes devia ser bem conhecido. Como observa em sua carta aos Gálatas, quando começou a levar o evangelho para a Síria e para a Cilícia, Paulo ainda era amplamente desconhecido das Igrejas da Judeia. Tudo o que haviam ouvido era o seguinte: "aquele que antes nos perseguia, agora proclama a fé que ele tentava destruir" (Gl 1,23).

Paulo e a vida e o ministério de Jesus

Como veremos, o traço realmente característico do Evangelho de Paulo era até que ponto ele focalizava a morte e a ressurreição de Jesus. Mas precisamos primeiro observar o que parece ser um corolário igualmente característico: que *Paulo parece mostrar pouco interesse na vida e no ministério de Jesus anteriores à sua morte e ressurreição*. Na verdade, se dependêssemos apenas das cartas de Paulo para nosso conhecimento do ministério de Jesus, saberíamos muito pouco. Ele certamente sabia que Jesus era um judeu, "nascido de uma mulher e sob a Lei" (Gl 4,4); na verdade, sabia que "descendia de Davi segundo a carne" (Rm 1,3-4). Sabia que Jesus tinha irmãos (1Cor 9,5; Gl 1,19). E, evidentemente, lembra a instituição da Última Ceia por Jesus (1Cor 11,23-26). Mas, além disso, só temos alusões à "mansidão e bondade" de Cristo (2Cor 10,1), à sua "compaixão" (Fl 1,8) e ao fato de que "Cristo não procurou sua própria satisfação" (Rm 15,3).

Por isso não é injustificado, e para nós dificilmente irrelevante, perguntar se Paulo tinha muito conhecimento e, na verdade, muito interesse na vida e no ministério de Jesus antes de sua morte e ressurreição. E de fato, de uma forma certamente embaraçosa, a evidência é um tanto limitada. O embaraço diminui um pouco, já que, como veremos, é bem possível deduzir que Paulo foi profundamente influenciado pelo *ensinamento de Jesus*. É surpreendentemente verdade, no entanto, que só três tradições específicas são atribuídas explicitamente a Jesus – todas, na verdade, numa única carta:

1Coríntios 7,10-11	Paulo cita o mandamento de Jesus acerca do divórcio (Mc 10,11 par).
1Coríntios 9,14	"Assim ordenou o Senhor aos que anunciam o evangelho: que vivam do evangelho" (Mt 10,10 || Lc 10,7).
1Coríntios 11,23-25	A instituição da Ceia do Senhor, apresentada de maneira um tanto impressionante: "Eu recebi do Senhor o que vos transmiti".

Existem, no entanto, diversas alusões ou ecos dos ensinamentos de Jesus nas parêneses de Paulo que são amplamente reconhecidas. Entre as mais impressionantes estão as seguintes (sobretudo as palavras em itálico)[110]:

Romanos 12,14	*"Abençoai os que vos perseguem; abençoai-os* e não os amaldiçoeis".
Lucas 6,27-28	"Amai os vossos inimigos [...] *abençoai* os que vos *amaldiçoam"*.
Mateus 5,44	"Amai vossos inimigos e orai *pelos que vos perseguem"*.
Romanos 14,14	"Eu sei e estou convencido no Senhor Jesus de que não há nada de impuro em si mesmo".
Marcos 7,15	"Não há nada fora de uma pessoa que [...] pode torná-la impura".
1Coríntios 13,2	"Se eu tiver tanta *fé* a ponto de *remover montanhas"*.
Mateus 17,20	"Se *tivésseis fé* [...] diríeis a esta *montanha:* 'Transporta-te daqui para lá' e ela *se transportaria"*.
1Tessalonicenses 5,2.4	"Sabeis muito bem que o dia do Senhor chegará como o ladrão à noite. [...] Mas vós, irmãos, não viveis nas trevas, para que esse dia vos surpreenda como um ladrão".
Mateus 24,43	"Compreendei isto: Se o dono da casa soubesse a que hora viria o ladrão, ele estaria de vigília".
1Tessalonicenses 5,13	"Guardai a paz entre vós".
Marcos 9,50	"Vivei em paz uns com os outros".

Quanto ao mais, no entanto, aprendemos pouco da vida e do ministério de Jesus com base nas cartas de Paulo. Na verdade, se tivéssemos só as cartas de Paulo, não saberíamos quase nada do ministério e do ensino de Jesus, exceto sua morte e

---

110. Cf. também: Rm 12,17 e 1Ts 5,15 (Mt 5,38-48 || Lc 6,27-36); Rm 13,17 (Mc 12,17 par); Rm 14,13 (Mc 9,42 par).

ressurreição. Isso significa que Paulo não tinha interesse real no ministério de Jesus e, com efeito, estava interessado apenas em seu clímax? É muito improvável que sim. Esses fortes ecos dos ensinamentos de Jesus sugerem certamente que uma das tarefas que Paulo se atribuía ao estabelecer uma nova Igreja era transmitir uma quantidade substancial da tradição de Jesus – o ensinamento de Jesus a que ele podia se reportar, como acabamos de ilustrar, quando a ocasião o exigia. Isso é confirmado pelas referências de Paulo às "tradições" que ele transmitia às Igrejas que fundava[111], tradições que presumivelmente incluíam fornecer informação básica acerca da vida e do ministério de Jesus àqueles para os quais Jesus era uma figura totalmente desconhecida. E provavelmente Paulo transmitia também uma sinopse considerável dos ensinamentos de Cristo, à qual ele podia reportar-se, como nos exemplos que acabamos de citar.

Além disso, podemos ter certeza de que, quando dizia, por exemplo, "Eu sei e confio no Senhor Jesus que não há nada de impuro em si mesmo" (Rm 14,14), Paulo estava bem consciente da tradição de Jesus, provavelmente na forma que nos é conhecida por meio de Marcos 7,14-23. Ou, novamente, é muito difícil interpretar o conflito de Paulo com seus companheiros crentes judeus, no tocante a saber se seria aceitável comer com "pecadores" (gentios) (Gl 2,11-17), sem lembrar conflitos semelhantes de Jesus com os fariseus no tocante à facilidade com que ele "comia com pecadores" (Mc 2,15-17 par). E certamente é quase impossível acreditar que, quando citou a oração "*Abba!* Pai!", como evidência do Espírito do Filho enviado aos seus corações (Gl 4,6-7; Rm 8,15-17), Paulo não estivesse consciente de que essa forma de oração era característica das orações do próprio Jesus, e de que foi Jesus

---

111. 1Cor 11,2.23; 15,3; 2Ts 2,15; 3,6.

quem iniciou a tradição de rezar dessa maneira. É muito provável, de fato, que essas passagens e as alusões ao ensino de Jesus se refiram ao ensino fundamental que Paulo exibia ao estabelecer uma nova congregação e que sejam um reflexo desse ensino.

Finalmente, devemos observar o elemento da *imitatio Christi* que aparece em algumas exortações de Paulo. Assim, em particular, Romanos 13,14: "Revesti-vos do Senhor Jesus Cristo". Da mesma maneira, mais adiante na mesma carta: nós precisamos "não buscar nossa própria satisfação [...] pois também Cristo não buscou sua própria satisfação" (Rm 15,1-5). Na verdade, a referência é primariamente à paixão de Cristo (Rm 15,3). Mas, num contexto de companheirismo comunitário (Rm 14,1-15,6), em que é a "*Cristo*" que se faz referência (Rm 15,3), e ecoando o fato de Cristo ser "ministro dos circuncisos" (Rm 15,8), é improvável que muitos pensassem somente na morte de Jesus. Esse apelo a Jesus como um antídoto à insatisfação comunitária é explícito também em 1Coríntios 11,1 ("Sede meus imitadores, como eu o sou de Cristo") e em Filipenses 2,5 ("Tende em vós os mesmos sentimentos de Cristo Jesus"). Não é necessário muito esforço para filtrar evidências ou probabilidades para deduzir que os leitores de Paulo dariam conteúdo a essas exortações recordando histórias acerca do ensino de Jesus.

De maneira semelhante, poderíamos recordar que Paulo se refere a Jesus como "um padrão de ensino" (Rm 6,17 – "aquele a quem fostes entregues como um padrão de ensino"). Isso sugere um corolário ético do batismo entendido como um compromisso com um caminho de vida modelado pelo ensino de Jesus. Um paralelo próximo seria Colossenses 2,6: "Assim como recebestes a tradição de Cristo Jesus como Senhor, assim andai nele". Dificilmente se pode entender isso de outra maneira senão como uma exortação a uma conduta cristã modelada nas tradições de Jesus transmitidas aos novos convertidos. O fato de Paulo exortar os que recebem sua carta a comportar-se "de acordo com Cristo Jesus" (Rm 15,5) tem uma implicação semelhante.

Podemos, portanto, deduzir que, quando Marcos amplia o sentido de "evangelho" para incluir o ministério de Jesus anterior à sua morte e ressurreição, ele estava simplesmente explicitando o que estava implícito na mensagem que Paulo transmitia às suas Igrejas quando as estabelecia. A boa nova incluía a recordação do caráter do ministério de Jesus e o conteúdo de seu ensino, que culmina em sua morte e ressurreição. A característica distintiva do Evangelho de Paulo não era que esse fosse diferente do evangelho pregado por outros cristãos primitivos. A característica distintiva era sua convicção de que o evangelho se destinava também aos gentios.

Como então Paulo completou sua compreensão do evangelho com a centralidade desse na morte e ressurreição de Cristo?

Cristo morreu por nossos pecados e ressuscitou ao terceiro dia

Como vimos anteriormente, é assim que Paulo sintetizou o evangelho que lhe fora transmitido (1Cor 15,3).

Morte expiatória de Jesus

Certamente, para Paulo, *a morte expiatória de Jesus* estava no cerne do evangelho:

Romanos 3,24-25	"Eles são agora gratuitamente justificados pela graça, em virtude da redenção realizada em Cristo Jesus, que Deus apresentou como um sacrifício de expiação por seu próprio sangue, mediante a fé".

Romanos 5,6.8	"Cristo morreu no momento oportuno pelos ímpios. [...] Deus prova seu amor para conosco pelo fato de Cristo ter morrido por nós quando éramos ainda pecadores".
Romanos 8,3	"Enviando seu próprio Filho numa carne semelhante à do pecado, e em vista do pecado, ele condenou o pecado na carne".
1Coríntios 5,7	"Nosso cordeiro pascal, Cristo, foi imolado".
2Coríntios 5,15	"Ele morreu por todos, para que os que vivem já não vivam para si, mas para aquele que por eles morreu e ressuscitou".
Gálatas 3,13	"Cristo resgatou-nos da maldição da Lei, fazendo-se maldição por nós – pois está escrito: 'Maldito todo aquele que é suspenso no madeiro'" (Dt 21,23).

Por trás disso está a teologia do sacrifício do antigo judaísmo, tornada muito explícita no ritual do Dia da Expiação descrito em Levítico 16. O ponto essencial do ritual acontecia quando o sumo sacerdote colocava as mãos sobre um dos dois bodes que eram apresentados diante dele e colocava os pecados recém-confessados "sobre a cabeça do bode" (Lv 16,21). Depois o bode era enviado para o deserto, levando para longe os pecados do povo. A implicação evidente era que os que haviam cometido esses pecados estavam agora livres deles. Acontecera um *intercâmbio*: o peso do pecado transferido para o sem-pecado, deixando o que cometera o pecado livre dele e de suas consequências. Esse parece ser o fundamento teológico do sacrifício de expiação feito por Israel, que Paulo (e os primeiros cristãos) assumiu considerando a morte de Jesus exatamente como esse sacrifício. A questão é mais clara em 2Coríntios 5,21: "Aquele que não conheceu o pecado, Deus o fez pecado por nós". Para Paulo, no entanto, a morte de Jesus não era apenas um sacrifício desses, mas era, com efeito, *o* sacrifício para o qual o sistema sacrificial de Israel apontava – uma pretensão que, como veremos, o autor de Hebreus a transformou no centro de sua teologia.

A centralidade da morte de Cristo na teologia de Paulo é mostrada ulteriormente pelo uso da expressão "em/por seu sangue"[112]. Isso só pode ser entendido adequadamente como uma referência à morte de Cristo como sacrifício, já que era precisamente a manipulação do sangue da vítima que era o ato decisivo da expiação[113]. Da mesma forma, a fala de Paulo sobre a morte de Jesus "pelos pecados"[114] ou "por nós"[115]. Gálatas 3,13 contém uma das mais impressionantes afirmações de Paulo: "Cristo resgatou-nos da maldição da Lei, fazendo-se maldição por nós – pois está escrito: 'Maldito todo aquele que é suspenso no madeiro'" (Dt 21,23). E ele usa também as vigorosas imagens de "redenção" e "reconciliação", como novamente em Romanos 3,24 e vigorosamente em 2Coríntios 5,18-20.

Jesus ressuscitado dos mortos

Igualmente fundamental para Paulo foi a crença cristã central de que Deus havia *ressuscitado Jesus dos mortos*. A questão dificilmente podia ser mais clara do que quando, conforme vimos, Paulo sintetiza a crença cristã fundamental: "que ele ressuscitou ao terceiro dia, segundo as Escrituras", como é confirmado pela sucessão de testemunhas que ele passa a citar (1Cor 15,3-8). Na verdade, a totalidade de 1Coríntios mostra exatamente como a ressurreição de Jesus era fundamental para o Evangelho de Paulo. Os que estão há muito tempo familiarizados com a passagem provavelmente terão dificuldade de avaliar o enorme impacto que ela deve ter causado ao ser lida

---

112. Rm 3,25; 5,9; Ef 1,7; 2,13; Cl 1,20.
113. Lv 4,5-7.16-18.25.30.34; 16,14-19.
114. Rm 4,25; 8,3; 1Cor 15,3; Gl 1,4.
115. Rm 5,6-8; 8,32; 2Cor 5,14-15.21; Gl 2,20; 3,13; 1Ts 5,9-10; cf. também Ef 5,2.25.

ou ouvida pela primeira vez. Mas o fato de Paulo não poupar esforços para enfatizar a importância central dessa parte de sua mensagem certamente torna a questão incontestável. E Paulo não hesita em sublinhar o ponto central: "Se Cristo não ressuscitou, vazia é a nossa pregação e vazia é também vossa fé" (1Cor 15,14); "se Cristo não ressuscitou, a vossa fé é inútil e ainda estais nos vossos pecados" (1Cor 15,17). Ele pode até falar da ressurreição de Jesus como plenamente equivalente à criação da humanidade. Jesus é "o último Adão" (1Cor 15,45) – sua ressurreição, como início de uma vida totalmente nova, para além da morte, é única da mesma forma como a criação de Adão foi única.

Cristo ressuscitou dos mortos como primícias dos que morreram. Com efeito, assim como por um ser humano veio a morte, também por um ser humano veio a ressurreição dos mortos. Assim como em Adão todos morreram, assim em Cristo todos reviverão (1Cor 15,20-22).

Dessa forma, quase não causa surpresa que em outros lugares Paulo saliente a importância da ressurreição de Jesus. Muito impressionante é o parágrafo de abertura em sua carta aos Romanos, quando sintetiza seu evangelho – "o evangelho acerca do Filho [de Deus], descendente de Davi segundo a carne e constituído Filho [de Deus] com poder segundo o Espírito de santidade por sua ressurreição dos mortos, Jesus Cristo nosso Senhor" (Rm 1,3-4). Típica de Paulo é a conclusão de sua exposição da justificação de Abraão: o que foi "creditado" a Abraão (justiça – Gn 15,6) "será creditado a nós que cremos naquele que ressuscitou dentre os mortos, Jesus nosso Senhor" (Rm 4,24).

De acordo com essas passagens, a ressurreição de Jesus mostrava também seu *status* de "Senhor". Como Paulo o expressou mais adiante na mesma carta: "Com efeito, Cristo morreu e reviveu para ser o Senhor dos mortos e dos vivos"

(Rm 14,9). O mais impressionante é o clímax de Filipenses 2,6-11, geralmente considerado um hino pré-paulino citado por Paulo:

> Por isso Deus o exaltou e lhe deu o nome que está acima de todo nome, para que ao nome de Jesus se dobre todo joelho [...] e toda língua proclame, para glória de Deus Pai, que Jesus Cristo é o Senhor.

Não menos impressionante é o uso que Paulo faz do Salmo 110,1 para expressar a convicção de que Jesus, tendo ressuscitado dos mortos, era agora vice-regente de Deus: "Disse o SENHOR a meu senhor: 'Senta-te à minha direita, até que eu ponha teus inimigos como escabelo de teus pés'"[116]. Com efeito, geralmente Paulo se refere a Cristo como "o Senhor Jesus Cristo", ou simplesmente como "o Senhor"[117]. Dificilmente poderia ser mais claro o significado central da ressurreição para o Evangelho de Paulo.

Com Cristo

O que tinha importância fundamental para Paulo era que os crentes podiam não somente afirmar essas crenças fundamentais, mas podiam *identificar-se com elas* de maneira e em grau até então desconhecidos. Isso é mostrado de modo mais claro pelo notável uso que Paulo faz de compostos que incluem "com" ao longo de suas cartas[118] – por exemplo, "gemer com" (Rm 8,22), "reinar com" (1Cor 4,8), "sofrer com" (1Cor 12,26), "morrer com" e "viver com" (2Cor 7,3) e "participar com" (Fl 4,14). Mais significativo, porém, é que Paulo usa esses compostos verbais para descrever a coparticipação na morte e na vida

---

116. Rm 8,34; 1Cor 15,25; Ef 1,20; Cl 3,1.
117. Nas cartas de Paulo, "Senhor Jesus Cristo" (em ordem variada) ocorre aproximadamente 70 vezes; "o Senhor" mais de 140 vezes.
118. Mais da metade das quarenta ocorrências no NT aparece somente em Paulo.

de Cristo: por exemplo, "sofrer com" (Rm 8,17), "crucificado com" (Gl 2,19), "sepultado com" (Cl 2,12), "ressuscitado com" (Cl 3,1), "vivo com" (Rm 6,8) e "glorificado com" (Rm 8,17). Já que "em Cristo" é um traço tão proeminente nos escritos de Paulo, a frequência com que ele usa "com Cristo" para expressar o mesmo sentido de dependência compartilhada de uma experiência comum de participação em Cristo é muitas vezes deixada de lado. Em nenhum lugar a centralidade do tema para o Evangelho de Paulo é mais bem expressa do que em duas passagens de sua carta aos Romanos:

Romanos 6,4-8	"Pelo batismo fomos *sepultados com* ele na morte. [...] Porque, se *nos tornamos uma só coisa com ele* por uma morte semelhante à sua, também *nos tornamos uma só coisa com* ele por uma ressurreição semelhante à sua. Sabemos que nossa velha natureza pecadora foi *crucificada com* ele. [...] Mas, se *morremos com* Cristo, cremos que também *viveremos com ele*".
Romanos 8,16-17	"O Espírito *dá testemunho a* nosso espírito de que somos filhos de Deus. E, se somos filhos, somos também herdeiros – herdeiros de Deus e *herdeiros com* Cristo, contanto que *soframos com* ele para sermos também *glorificados com* ele"[119].

Por isso não era simplesmente a crença na morte e ressurreição de Jesus que ocupava um lugar central no Evangelho de Paulo; ocupava um lugar central também o sentimento de que os que respondiam ao evangelho podiam realisticamente participar naquilo que era assim proclamado, podiam já experimentar um morrer *da* sua velha natureza autocentrada e um morrer *para a* sua velha natureza autocentrada, e experimentar uma nova vida que brota no interior e dá um novo objetivo e motivação para tudo aquilo que fizeram.

---

119. Cf. também Cl 2,12-13; Ef 2,5-6; 2Tm 2,11-12.

Justificação mediante a fé em Jesus

Um dos traços impressionantes da teologia (e do evangelho) de Paulo é o leque de metáforas que ele utiliza.

Metáforas do sacrifício

Numa tradição em que o sacrifício de animais era a maneira característica de assegurar relações positivas com o deus cultuado, é natural que a metáfora do sacrifício fosse tão vigorosa nas tentativas dos primeiros cristãos de entender a morte de Jesus. Mas Paulo usou também muitas *metáforas diferentes* para a salvação que seu evangelho oferecia e prometia. Uma foi a "redenção" – a imagem da recompra de alguém escravizado ou cativo, e que ecoa a libertação de Israel do Egito. Assim, por exemplo:

Romanos 3,24	"Eles são agora gratuitamente justificados pela graça, em virtude da redenção realizada em Cristo Jesus".
1 Coríntios 1,30	"Cristo Jesus [...] que se tornou para nós sabedoria de Deus, justiça, santificação e redenção".
Colossenses 1,14	"No qual temos a redenção – o perdão dos pecados".

Acontece algo semelhante com "libertação" ou "liberdade". Por exemplo:

Romanos 6,18	"Livres do pecado, vos tornastes escravos da justiça".
Romanos 8,2	"A lei do espírito da vida em Cristo Jesus te libertou da lei do pecado e da morte".
Gálatas 2,4	"A liberdade que temos em Cristo Jesus".
Gálatas 5,1	"Foi para a liberdade que Cristo nos libertou. Permanecei firmes, portanto, e não vos submetais novamente ao jugo da escravidão".

E o mesmo acontece novamente com a imagem da "reconciliação" – a reconciliação mútua de duas partes inimigas numa nova paz e cooperação. Note-se particularmente as passagens seguintes:

Romanos 5,10	"Se, quando ainda éramos inimigos, fomos reconciliados com Deus mediante a morte de seu Filho, muito mais agora, já reconciliados, seremos salvos por sua vida".
2Coríntios 5,18-19	"Tudo isso vem de Deus, que nos reconciliou consigo por Cristo e nos confiou o ministério da reconciliação. Pois era Deus que em Cristo reconciliava o mundo consigo, já não levando em conta os pecados das pessoas e confiando-nos a mensagem da reconciliação".

É importante avaliar o caráter metafórico dessas imagens. Elas não são literais e não se encaixam facilmente. Há de fato um perigo de transformar uma ou outra em chave e tentar enquadrar nela as outras imagens. Isso aconteceu às vezes com a metáfora particularmente joanina do "nascer de novo ou do alto" (sobretudo Jo 3,3-8). Mas, o que vale para as metáforas em geral, elas são imagens e não literais, ilustrando um aspecto, particularmente um aspecto experiencial da conversão a Cristo.

Metáforas do tribunal de justiça

Historicamente, as metáforas do tribunal de justiça – no qual *a pessoa acusada foi considerada não culpada ou justificada* – foram sumamente importantes para Paulo. A redescoberta desse tema se tornou um traço-chave da Reforma Europeia. É fácil ilustrar sua importância para Paulo. Por exemplo, em Romanos, ele resume seu indiciamento da humanidade citando o Salmo 143,2: "Porque 'ninguém será justificado diante de Deus' pelas obras da Lei. Da Lei só nos vem o conhecimento do pecado" (Rm 3,20). E depois, prossegue, numa das passagens mais cruciais de seus escritos, explicando detalhadamente como seu evangelho vê cumprir-se a aceitação ou justificação por Deus:

> Todos pecaram e todos estão privados da glória de Deus; e são gratuitamente justificados pela graça, em virtude da redenção realizada por Jesus Cristo. Deus o destinou para sacrifício de expiação dos pecados, por seu próprio sangue, mediante a fé. Assim o fez para manifestar a sua justiça. É que os pecados passados haviam ficado sem castigo no tempo de sua paciência, para se manifestar sua justiça no tempo presente, provando que ele é justo e que justifica quem tem fé em Jesus (Rm 3,23-26).

E posteriormente Paulo lembra o ponto essencial quando dá seu próprio testemunho em Filipenses 3,8-9:

> Considero perda todas as coisas em vista do sublime conhecimento de Cristo Jesus, meu Senhor. Por ele tudo desprezei e considero lixo, a fim de ganhar a Cristo e estar com ele, não tendo justiça própria, que vem da Lei, mas aquela que nasce da fé em Cristo.

Como já foi assinalado, a imagem da justificação ou absolvição é tomada do tribunal de justiça. A convicção é que Deus aceita o pecador que nele confia, que se entrega à misericórdia de Deus, mesmo que seja culpado de agir contra Deus. No pensamento hebraico "justificação" denotava o cumprimento das obrigações que surgem de uma relação; a pessoa que cumpre essas obrigações é considerada justa[120]. Essa lógica ou teologia

---

120. De maneira mais impressionante em 1Sm 24,18. De modo semelhante no veredito de Judá sobre sua relação com Tamar (Gn 38,26).

judaica básica era que Deus, tendo criado o mundo, havia tomado para si a obrigação de sustentá-lo. E, tendo escolhido Israel como seu povo, Deus havia aceitado a obrigação ulterior de cuidar de Israel, de ser fiel mesmo quando Israel fosse infiel. Por isso, para Israel, a justiça de Deus não era essencialmente punitiva, mas salvífica. Por isso o termo "justiça" no Antigo Testamento é às vezes traduzido melhor como "salvação" ou "justificação"[121]. Essa é a raiz do Evangelho de Paulo, como percebeu Martinho Lutero ao ler Romanos 1,16-17 com um novo olhar: "Não me envergonho do evangelho. Ele é uma força de Deus para a salvação de todo aquele que tem fé. [...] Pois nele a justiça de Deus se revela da fé para a fé, conforme está escrito: 'O justo vive da fé'" (Hab 2,4). Em outras palavras, a aceitação de Deus não depende de provarmos nosso mérito ("vós a mereceis"), mas depende apenas da graça de Deus. O próprio Abraão foi o precedente determinante, como Paulo prosseguiu argumentando em Romanos 4; e a eleição de Israel, do "não povo" Israel como povo de Deus (Rm 9,25-26), demonstrou o mesmo objetivo.

Fé e obras da Lei

O ponto essencial para Paulo era que a justificação – o fato de Deus considerar aceitáveis os pecadores apesar de seus pecados – ocorria pela *fé* e não era determinada pela prática da lei por parte do indivíduo, ou pelas *"obras da lei"*. Paulo compreendeu isso evidentemente por meio de sua própria experiência (de perseguidor justificado) e sobretudo pelo sucesso de sua missão junto aos gentios. Os gentios haviam recebido o Espírito/graça de Deus sem referência à Lei. Como Paulo pergunta a seus convertidos gálatas: "Uma só coisa quero

---

121. Assim na tradução da *New Revised Standard Version* (NRSV) de Is 62,2; e Mq 6,5; 7,9.

saber de vós: recebestes o Espírito por causa das obras da Lei ou por acreditar no que ouvistes?" (Gl 3,2). Evidentemente, Paulo se confrontou com o fato de que outros (missionários judeu-cristãos, supomos) se aproximaram de seus convertidos gálatas e insistiam que eles não poderiam ser contados entre os membros do povo do Deus de Israel se não fossem primeiro circuncidados e observassem as leis judaicas sobre alimentos puros e impuros. Em resposta, Paulo insistia energicamente que a justificação vinha pela fé, e somente pela fé. Esse foi o argumento que ele fez valer em Jerusalém, quando o primeiro concílio cristão – liderado, ao que parece, por Tiago, irmão de Jesus (At 15,13-22) – concordou que os convertidos gentios não precisavam ser circuncidados (Gl 2,1-10). Esse acordo, no entanto, havia sido questionado no agrupamento cristão de Antioquia, quando "chegaram alguns da parte de Tiago" e insistiram que as leis alimentares judaicas deveriam ser mantidas nos novos grupos fraternos cristãos. Foram tão persuasivos que todos os outros crentes judeus – inclusive o companheiro íntimo de Paulo, Barnabé (pode-se quase ouvir o soluço no escrito de Paulo ao lembrar o incidente) – se haviam separado dos crentes gentios nas refeições fraternas (Gl 2,11-14). Daí a condenação, por parte de Paulo, daquilo que ele não hesitou em designar como "hipocrisia" e "discrepante da verdade do evangelho", e sua resposta indignada:

> Nós, que somos judeus de nascimento e não pecadores gentios, sabemos que uma pessoa não se justifica pelas obras da Lei, mas pela *fé em Jesus Cristo*. É por isso que temos *fé em Jesus Cristo*, esperando ser justificados pela *fé em Cristo* e não pela prática das obras da Lei (Gl 2,15-16).

O objetivo de Paulo é claro. Se o atualizarmos, podemos observar o perigo equivalente de acrescentar algo ao chamado básico à fé em Cristo, como se esse algo fosse tão importante como a fé – seja o episcopado, uma infalibilidade papal, o batismo do crente ou a inerrância bíblica. O propósito de Paulo era certamente o mesmo: tornar tais acréscimos fundamentais para o cristianismo subverte o evangelho. Causa pouca surpresa o fato de que alguns tradutores reforçaram o objetivo de Paulo ao acrescentar "somente" ao que Paulo escreveu em Gálatas 2,15-16: "não pelas obras da Lei, mas pela fé em Jesus Cristo, e pela fé somente".

Infelizmente, na teologia protestante da justificação que se seguiu à Reforma, o objetivo de Paulo foi um tanto mal direcionado: a advertência de Paulo contra tornar a justificação dependente das "obras da lei" foi entendida como uma advertência a não confiar nas "boas obras". Ampliar o objetivo de Paulo como uma advertência a não confiar nas boas obras é uma coisa. Mas, se a consequência é que perdemos aqui o objetivo real de Paulo, isso dificilmente é aceitável. Como Gálatas 2,11-16 deixa claro, aquilo a que Paulo se opunha era, de fato, a tentativa de tornar a justificação (dos gentios) condicionada à sua prática das "obras da Lei", ou seja, ao requisito de os gentios se "judaizarem", isto é, de se tornarem judeus ou, pelo menos, viverem como os judeus. Como Paulo perguntou a Pedro com frustrada indignação: "Se tu, sendo judeu, vives como gentio e não como judeu, por que obrigas os gentios [os crentes gentios] a viverem como judeus?" (Gl 2,14).

Esse é o ponto essencial que muitas vezes foi mal-entendido: Paulo não estava abandonando a Lei ou entrando em ruptura total com a Lei. Como ele diz, por exemplo, em 1Coríntios 7,19: "A circuncisão não é nada, e a incircuncisão não é nada. O que vale é a observância dos mandamentos de Deus". Ora, como mostra em Romanos 8,3-4: quando Deus enviou seu Filho, "ele condenou o pecado na carne, a fim de que o preceito da Lei se cumprisse em nós que vivemos não segundo a carne, mas segundo o espírito". Aliás, conforme observou anteriormente na mesma carta: já que Deus justifica tanto os circundados como os incircuncisos da mesma maneira, pela mesma fé, "eliminamos então a Lei através da fé? De modo algum! Pelo contrário, a consolidamos" (Rm 3,30-31). O ponto essencial, novamente – e vale a pena repetir –, é que Paulo não estava reagindo contra a Lei como tal ou contra as boas obras como tais. Estava reagindo contra o pressuposto de que os crentes gentios precisem ser circuncidados e devam observar as leis alimentares de Israel. O que significa que ele estava reagindo contra o pressuposto de que o evangelho se destinava exclusivamente aos judeus e que, portanto, o evangelho exigia que os gentios se tornassem judeus, sendo circuncidados e observando as leis alimentares judaicas. Também não significa que para Paulo a justificação fosse algo mais do que a fé ou outra coisa senão a fé. Mas a fé ainda precisava da Lei, excetuadas suas pautas específicas a Israel, para orientar a vida. Ora, como se expressa Paulo em sua carta ao Gálatas: "Em Cristo Jesus nada vale a circuncisão nem a incircuncisão; a única coisa que conta é a fé agindo pelo amor" (Gl 5,6).

* * *

A justificação pela fé é tão central tanto para a compreensão, exposição e vivência da fé do próprio Paulo quanto na história do cristianismo ocidental, que convém deter-nos nesse ponto e refletir sobre ele e sobre tudo o que ele envolve e implica para o cristianismo, hoje como em momentos cruciais do passado. Por isso interrompemos nesse ponto o nosso estudo da compreensão que Paulo tem da boa nova de Jesus.

6

Jesus de acordo com Paulo
PARTE 2

A importância da compreensão e do ensino de Paulo sobre o tema da justificação pela fé (somente) foi tão central e decisiva – tanto nos inícios do cristianismo gentio quanto na convocação da Europa do século XVI "de uma volta à Bíblia" – que é fácil omitir ou ignorar como era mais rica e plena a recordação que ele tinha daquilo que Jesus fizera e até que ponto Jesus estava no centro de toda a vida e missão de Paulo. Já que as cartas paulinas constituem uma parte tão importante do Novo Testamento, vale muito a pena gastar mais um capítulo para examinar mais detalhadamente o Evangelho de acordo com Paulo.

Participação em Cristo

Em Cristo/no Senhor

Aqui está outro elemento da teologia de Paulo e de sua compreensão do evangelho e de suas decorrências que pode muito facilmente ser negligenciado. Com efeito, Paulo usa a expressão "em Cristo" 83 vezes em suas cartas; e a expressão "no Senhor" 47 vezes[122]. Também esse é um traço caracteristicamente paulino. Em outros lugares do Novo Testamento, fora do corpus paulino, a expressão ocorre só em 1Pedro, que, um tanto surpreendentemente, é a mais paulina das cartas não paulinas[123]. Também não deveríamos ignorar que Paulo usa essas expressões muito mais do que qualquer uma das metáforas que extraímos naturalmente de seus escritos. Isso, por sua vez, significa presumivelmente que essas expressões estavam no cerne de sua compreensão e vivência do evangelho por ele proclamado. Alguns exemplos:

Romanos 3,22-24	"Não há distinção: Todos pecaram e todos estão privados da glória de Deus; e são gratuitamente justificados pela graça, em virtude da redenção realizada por Cristo Jesus".
Romanos 6,11	"Assim, também vós, considerai-vos mortos para o pecado, porém vivos para Deus em Cristo Jesus".
Romanos 6,23	"O salário do pecado é a morte, enquanto a graça de Deus é a vida eterna em Cristo Jesus".
Romanos 8,1-2	"Portanto, não existe mais condenação para aqueles que estão em Cristo Jesus. A lei do espírito da vida em Cristo Jesus te libertou da lei do pecado e da morte".
1Coríntios 1,4	"A graça de Deus que vos foi conhecida em Cristo Jesus".
1Coríntios 15,22	"Assim em Cristo todos viverão".
2Coríntios 5,19	"Em Cristo Jesus reconciliava o mundo".
Gálatas 3,14	"Para que em Cristo Jesus a bênção de Abraão se estenda aos gentios".

---

122. Poderíamos acrescentar "nele || no qual". Essas expressões, por exemplo, aparecem coerentemente (doze vezes) em Cl 1,14-19 e 2,3-15.
123. 1Pd 3,16; 5,10.14.

Gálatas 5,6	"Em Cristo Jesus nada vale a circuncisão nem a incircuncisão".
Filipenses 4,19	"O meu Deus satisfará magnificamente todas as vossas necessidades de acordo com suas riquezas em Cristo Jesus".
1Tessalonicences 5,18	"Em todas as circunstâncias dai graças, porque esta é a vontade de Deus para convosco em Cristo Jesus".

De maneira semelhante, Paulo envia regularmente a indivíduos saudações "no Senhor" (por exemplo, Rm 16,8-13):

1Coríntios 4,17	Timóteo é seu "filho amado e fiel no Senhor".
1Coríntios 9,1	Ele diz que os Coríntios são o selo de seu apostolado "no Senhor".
Fm 16	Onésimo é um irmão amado "na carne e no Senhor".

O Evangelho de Paulo pode, na verdade, ser resumido nestes termos apenas: (1) Deus atuou redentoramente "em Cristo"; (2) a graça salvífica foi experimentada pelos crentes "em Cristo"; (3) os crentes agora vivem a vida "no Senhor". "Em Cristo" indica uma vinculação com Cristo, uma unidade com Cristo. A percepção que Paulo tem de toda a sua vida enquanto crente em Cristo – sua fonte, sua identidade e suas responsabilidades – poderia ser resumida nessas três expressões. É importante observar que, para Paulo, isso não era apenas uma questão de crença. Havia sem dúvida uma dimensão experiencial, uma experiência de ser situado em pé de igualdade com o Cristo ressuscitado e vivente. Evidentemente, Paulo sentiu-se (uma dimensão emocional dificilmente pode ser ignorada) envolvido "em Cristo", fazendo o que fez "com Cristo", apoiado e carregado por Cristo. Vemos aqui um evidente sentimento da presença viva de Cristo como um fator mais ou menos constante, no qual Paulo consciente e subconscientemente buscou inspiração e força para todas as suas atividades.

É interessante observar que Paulo pode colocar as imagens em ordem inversa – não só crentes "em Cristo", mas "Cristo em nós". Note-se, por exemplo:

Gálatas 2,20	"Já não sou eu que vivo, mas é Cristo que vive em mim".
Romanos 8,10	"Se Cristo está em vós, o corpo está morto pelo pecado, mas o Espírito é vida pela justiça".
2Coríntios 13,5	"Não reconheceis que Jesus Cristo está em vós?"
Colossenses 1,27	"[...] quão grande é entre os gentios a riqueza da glória deste mistério: Cristo em vós, a esperança da glória".

O sentimento de total compromisso com Cristo, de Cristo como a força vital que trabalha nele e por meio dele, dificilmente poderia ser mais claro.

Em Cristo

Não causa surpresa o fato de Paulo falar também, em diversas ocasiões, de indivíduos incluídos "em Cristo". O exemplo mais notável é sua fala de que os convertidos "foram batizados em Cristo". Por exemplo:

Romanos 6,3	"Não sabeis que todos nós fomos batizados na sua morte?"
Gálatas 3,27	"Todos vós, que fostes batizados em Cristo, vos revestistes de Cristo".

É difícil evitar o sentimento básico de "em", que implica um movimento de entrar num local, um movimento de incorporação. Assim, em Romanos 6,3, a implicação é tornar-se um participante de Cristo, assim como em Romanos

5,12-17 o indivíduo já era um participante da humanidade de Adão. E a imagem em Gálatas 3,27 está correlacionada com a concomitante metáfora do "revestir-se de Cristo". Ser "batizado em Cristo" é ser absorvido na persona de Cristo. É difícil fugir da insinuação de algum tipo de identificação ou de um sentimento de vinculação com Cristo.

Novamente, em vista desse uso comum – e que indica o que Paulo considera um dado básico de sua vida como crente em Cristo –, não causa surpresa sua imagem da comunidade cristã como *o corpo de Cristo*. A ideia ainda não é o amplo círculo dos crentes como corpo (universal) de Cristo (ainda que apenas aqueles em quem Paulo estava pensando particularmente, na Ásia Menor e na Grécia), mas dos crentes reunidos num determinado lugar como Corinto e considerados o corpo de Cristo nesse lugar – os que estão reunidos "em Cristo" considerados a encarnação da presença de Cristo em Corinto. É presumivelmente isso que Paulo pensava quando escreveu 1Coríntios 12,13, falando dos crentes corintianos como "todos batizados num só corpo", em Corinto. Ele está pensando naqueles que se tornam membros do corpo de Cristo (1Cor 12,14-27). Essa passagem realça o privilégio e a responsabilidade dos que eram membros daquele corpo. Cada membro do corpo tinha, por definição, sua função ou "dom" particular, como se expressa Paulo. O corpo só podia funcionar adequadamente quando cada membro cumpria sua função particular, quando cada um exercia o dom a ele dado e pelo qual ele era responsável (1Cor 12,8-11). "A cada um é dada a manifestação do Espírito em vista do bem comum" (1Cor 12,7). No pensamento de Paulo, a comunidade cristã (o corpo) só podia ser "edificada" – uma metáfora comum no capítulo 14 (v. 3.5.12.26) – quando cada um dos membros do corpo exercia o(s) dom(ns) dados a cada um, ou talvez, mais precisamente, dados *através de* cada um.

Voltaremos mais adiante ao que era obviamente um tema importante para Paulo. Mas aqui precisamos pelo menos observar, de passagem, que Paulo não tinha nenhuma ideia de uma ordem do sacerdócio. Não havia sacerdote, não havia ninguém funcionando como "sacerdote" nas Igrejas de Paulo (ou, na verdade, em nenhuma Igreja do Novo Testamento). Ele usou a imagem do ministério sacerdotal como uma maneira geral de referir-se ao serviço do evangelho (como em Fl 2,25), mas também como uma maneira de caracterizar o discipulado cotidiano, a responsabilidade de todos os crentes (Rm 12,1).

Como Cristo

Vale a pena observar que, para Paulo, essa relação com Cristo era uma relação em desenvolvimento – o que chegou a ser classificado como "santificação". A meta da salvação é *tornar-se como Cristo*:

Romanos 8,29	"Conformes à imagem de seu Filho, para que este seja o primogênito entre muitos irmãos".
2Coríntios 3,18	"Somos transfigurados nesta mesma imagem, cada vez mais resplandecente".
Colossenses 3,10	"Que se renova para o conhecimento segundo a imagem de seu criador".

Assim, ser um membro do corpo de Cristo não era nem uma condição estática nem uma condição final. Nas cartas aos Colossenses e aos Efésios, Paulo inclui a ideia de crescer "em tudo em direção àquele que é a cabeça, Cristo", de modo que cada parte, trabalhando adequadamente, "promove o crescimento do corpo para sua própria edificação no amor" (Ef 4,15-16; de modo semelhante Cl 2,19).

Um pensamento final a não ser omitido é que esse crescimento incluía tornar-se como Cristo em sua morte. O batismo era batismo "em sua morte" (Rm 6,3). Assim como foi necessário que Cristo morresse, a fim de que, por meio de sua ressurreição, ele pudesse introduzir a vida para além da morte, também devia haver um compartilhamento da morte de Cristo a fim de experimentar sua vida para além da morte, uma vida que dura para além da morte desse corpo. Por exemplo:

Romanos 6,5	"Se nos tornamos uma só coisa com ele por uma morte semelhante à sua, também nos tornamos uma só coisa com ele por uma ressurreição semelhante à sua".
Romanos 8,17	"Se somos filhos, somos também herdeiros – herdeiros de Deus e herdeiros com Cristo, contanto que soframos com ele para sermos também glorificados com ele".

Ora, como Paulo expressa sua esperança e ambição na que foi provavelmente uma de suas últimas cartas:

Filipenses 3,10-11	"Quero conhecer a Cristo e o poder de sua ressurreição e compartilhar seus sofrimentos, tornando-me semelhante a ele na morte, para poder alcançar a ressurreição dentre os mortos".

O dom do Espírito

O dom do Espírito como marca definidora

Novamente esse é um traço um tanto negligenciado da compreensão que Paulo tem da fé cristã. O debate ocasionado pelo surgimento do pentecostalismo, em que o batismo no Espírito era classicamente diferente ou subsequente à conversão ou ao início da vida do indivíduo como cristão, confundiu um tanto esse ponto. Mas *o dom do Espírito como marca decisiva do cristão* era crucial para Paulo.

Consideremos, por exemplo, a réplica de Paulo àqueles entre seus Gálatas convertidos que estavam sendo persuadidos de que, para ser cristãos, eles precisavam "praticar as obras da Lei" sujeitando-se à circuncisão:

> Uma só coisa quero saber de vós: recebestes o Espírito por causa das obras da Lei ou por acreditar no que ouvistes? Sois tão insensatos assim? Após terdes começado pelo Espírito, quereis agora acabar pela carne? [...] Deus, que vos concede o Espírito e opera milagres entre vós, o faz pela vossa prática das obras da Lei ou por vossa adesão ao que ouvistes? (Gl 3,2-15).

E sua exposição da maneira como Abraão foi justificado pela fé culmina com a impressionante declaração: "Cristo resgatou-nos da maldição da Lei, fazendo-se maldição por nós [...] a fim de que em Cristo Jesus a bênção de Abraão se estenda aos gentios, e para que, pela fé, recebamos o Espírito prometido" (Gl 3,13-14). Da mesma maneira, ele lembra a seus Tessalonicenses convertidos que "apesar da perseguição vós acolhestes a Palavra com a alegria do Espírito Santo" (1Ts 1,6). E, em passagem vigorosa numa carta aos Coríntios, ele recomenda aos destinatários de sua carta:

> Não há dúvida de que vós sois uma carta de Cristo, redigida por nosso ministério e escrita não com tinta, mas com o Espírito do Deus vivo, não em tábuas de pedra [como os Dez Mandamentos], mas em tábuas de carne, ou seja, em vossos corações. [...] Foi ele [Deus] que nos capacitou como ministros de uma nova aliança, não da letra e sim do Espírito; pois a letra mata, mas o Espírito comunica vida (2Cor 3,3.6).

A partir dessas passagens resulta claro que era o dom do Espírito que para Paulo distinguia os que haviam respondido positivamente à sua mensagem.

O que muitas vezes se omite, no entanto, é o fato de que Paulo considerava o dom do Espírito a marca definidora ou determinante de um crente em Cristo. Evidentemente, entendia que a relação com o Cristo ressuscitado era fundamental para ser um crente. Para ele o batismo em nome de Cristo significava a iniciação à vida cristã. Mas o mais próximo que Paulo chega de proporcionar uma definição de um crente em Cristo é em termos da pessoa que recebeu o Espírito. Como diz em seu grande "capítulo do Espírito" na carta aos Romanos: "Quem não tem o Espírito de Cristo não pertence a ele" (Rm 8,9). Ou, como se expressa em termos mais positivos alguns versículos mais adiante: "Todos os que são conduzidos pelo Espírito de Deus são filhos de Deus" (Rm 8,14). Era a recepção do Espírito que, para Paulo, tornava os crentes membros de Cristo, ou do corpo de Cristo. Ele retoma a imagem do Batista – de que virá alguém que batiza no Espírito – como complemento e conclusão do batismo (do próprio Batista) na água (Mc 1,8 par): "Todos nós fomos batizados num só Espírito para sermos um só corpo [...] e todos bebemos de um só Espírito" (1Cor 12,13). Ou consideremos a aplicação um tanto complexa que Paulo faz da passagem em que Moisés chega de um encontro com o Senhor e cobre a face com um véu para impedir que o brilho intenso aterrorize seu povo, mas remove o véu quando retorna ao encontro do Senhor. Paulo aplica isso ao seu contexto presente: "Quando alguém [de nós] se converte ao Senhor, o véu [que obscurece o pleno sentido da antiga aliança] é removido". E acrescenta, à guisa de explicação, para ajudar a propor sua opinião interpretativa: "Ora, o Senhor é o Espírito" (2Cor 3,16-17). Em outras palavras, o equivalente do desvelamento de Moisés para encontrar o Senhor era, para Paulo, a recepção do Espírito transformador. E termina a analogia com igual audácia: "Todos nós, com a face descoberta, refletimos como num espelho a glória do Senhor e somos transformados nessa mesma imagem, sempre mais gloriosa pela ação do Senhor, que é Espírito (2Cor 3,18)."

Como nos lembra Lucas, é a recepção irrestrita do Espírito pelos crentes gentios que tornava claro para a liderança cristã primitiva que a boa nova se destinava também aos gentios, e sem qualquer exigência de que fossem judaizados.

O espírito de Cristo

O fato de Paulo ter falado do Espírito como "*o Espírito de Cristo*", como vimos em Romanos 8,9, e ter falado igualmente do "Espírito de Deus", como em Romanos 8,14, não deveria passar sem um comentário. Porque significa que Paulo podia pensar o Espírito Santo como Espírito de Cristo. Jesus não era simplesmente o Messias que foi ungido pelo Espírito de Deus, mas esse poder de unção de Deus se tornara tão identificado com a pessoa ungida que o Espírito de Deus podia ser entendido como Espírito de Cristo. A carta de Paulo aos Romanos foi escrita por volta do ano 56 ou 57, e essa não foi presumivelmente a primeira vez que Paulo identificou assim o Espírito de Deus com Cristo. Isso quer dizer que, nos trinta anos desde o ministério, morte e ressurreição de Cristo, o Espírito de Deus estava sendo considerado "o Espírito de Cristo". Da mesma forma, em Filipenses 1,19, Paulo expressa sua confiança de que "a assistência do Espírito de Jesus Cristo" asseguraria sua libertação. E a implicação do fato de que a oração característica de Jesus – "*Abba! Pai!*" – se tornou rapidamente a oração característica de Paulo e de seus companheiros cristãos, entendida como inspirada pelo Espírito (Rm 8,16-17; Gl 4,6-7), não deveria passar em branco.

O que aconteceu aqui? Será que Paulo estava tão confiante de que Jesus fora ungido e empoderado pelo Espírito de Deus, de modo que o ministério de Cristo atestava o caráter do poder que o havia inspirado? Nesse caso era tão fácil dizer Espírito de

Jesus como dizer Espírito de Deus. Foi assim que o conceito cristão de Deus como Trindade chegou a ser expresso pela primeira vez? Sejam quais forem os detalhes históricos precisos, não pode ser insignificante o fato de Paulo ter identificado o poder da missão de Jesus com o Espírito de Deus a tal ponto que podia muito naturalmente falar desse poder como sendo o Espírito de Cristo. Na verdade, como vimos em 2Coríntios 3,12-18, ele podia identificar "o Senhor" tanto com Jesus quanto com o Espírito. Não podemos, evidentemente, inferir que Paulo tinha uma noção clara de Deus como Trindade. Mas só pode ser significativo que ele podia falar da mesma realidade espiritual igualmente em termos de o Senhor, o Cristo e o Espírito. Aqui novamente o teologizar cristão tem uma dívida incalculável para com Paulo.

Primeira prestação e garantia

O dom do Espírito aos novos crentes foi considerado por Paulo a primeira *prestação ou garantia* de todo o processo de salvação[124]. Alternativamente ele se refere ao Espírito como os "primeiros frutos" da colheita da ressurreição do corpo, quando toda a pessoa será salva (Rm 8,23). Assim como a ressurreição de Cristo constituiu os primeiros frutos e o início da ressurreição geral (1Cor 15,20.23), assim o dom do Espírito foi o início do processo de redenção que culmina na ressurreição dos/dentre os mortos. Dessa forma, os Tessalonicenses podiam ser gratos "porque Deus vos escolheu desde o princípio para serdes salvos mediante a santificação do Espírito e mediante a fé na verdade" (2Ts 2,13). Aos crentes romanos assegura-se que "aquele que ressuscitou Jesus Cristo dos mortos também dará vida a vossos corpos mortais mediante seu Espírito que habita em vós" (Rm 8,11). E Paulo dá seu próprio testemunho aos crentes filipenses antes da garantia final:

---

124. Cf. particularmente 2Cor 1,22; 5,5. Cf. também Ef 1,14.

Quero conhecer a Cristo e o poder de sua ressurreição e compartilhar seus sofrimentos, tornando-me semelhante a ele em sua morte, para ver se alcanço a ressurreição dos mortos. [...] O Senhor Jesus Cristo transformará o nosso corpo humilhado tornando-o semelhante ao seu corpo glorioso, pelo poder que tem de sujeitar a si toda criatura (Fl 3,10-11.20-21).

Não deve causar surpresa que Paulo pensasse na ressurreição de Cristo em termos do Espírito: "O primeiro homem, Adão, tornou-se um ser vivente; o último Adão tornou-se um espírito que dá vida". E também que ele visse a ressurreição esperada do corpo em termos do espírito – primeiro o corpo físico e depois o corpo espiritual (1Cor 15,42-49). Para Paulo, a obra final do Espírito consistia em completar a transformação da humanidade na imagem do Cristo ressuscitado.

Comunidade carismática

Já observamos que a mais famosa maneira de Paulo conceitualizar a comunidade cultual dos crentes cristãos consistia em imaginá-los como o corpo de Cristo. Mas, além disso, não devemos esquecer que ele pensava na assembleia dos crentes como uma *comunidade carismática*. Ou seja, o corpo dos cristãos era, como o crente individual, capacitado pelo Espírito. A assembleia reunida só podia funcionar como corpo de Cristo porque seus membros haviam sido batizados no Espírito, e eram continuamente dotados e capacitados pelo mesmo Espírito. Paulo usa a seção principal de sua primeira carta aos Coríntios para propor essa ideia com afinco (1Cor 12-14). Cristo só pode ser reconhecido e confessado como Senhor pela capacitação e pelo incentivo do Espírito (1Cor 12,3). Os dons do Espírito, ativados pelo Espírito, é que são as funções efetivas da comunidade cultual (1Cor 12,2-11). Convém repetir que, para Paulo, é sendo batizados no único Espírito que todos os crentes são um só corpo, o corpo de Cristo (1Cor 12,13). E ele prossegue descrevendo e instruindo a comunidade dos crentes coríntios no que significa ser o corpo de Cristo, no que significa para a assembleia ter o culto estimulado e liderado pelo Espírito.

O quadro do culto corintiano, e do culto que Paulo podia admitir para as assembleias em Tessalônica (1Ts 5,19-21) e em Roma (Rm 12,6-8), é tão diferente da maioria das experiências cristãs de culto de hoje que causa pouca surpresa que essas passagens possam ser amplamente ignoradas pela maioria dos crentes de hoje, para os quais elas se referem a um tempo totalmente diferente e distante dos dias atuais. Uma questão apropriada poderia ser perguntar-se se o Espírito de Jesus é tão desejado e bem-acolhido como o eram evidentemente o Espírito e as suas manifestações nesses primeiros anos. Se Paulo está certo e a assembleia cultual só pode funcionar efetivamente como corpo de Cristo mediante os dons do Espírito, só à medida que o Espírito capacita os membros da assembleia a funcionar como membros do corpo de Cristo, então é legítimo perguntar: Será que o cristianismo moderno, a congregação cristã moderna, deixou escapar ou perdeu algo que Paulo considerava claramente constitutivo do corpo de Cristo? Não há necessidade de tentar recriar a assembleia de Corinto; será que Paulo teria desejado isso? Mas a pergunta ainda permanece, e continua perturbadora. Perdemos nós, cristãos, em nosso culto, algo que Paulo aceitava naturalmente como fundamental para ser o corpo de Cristo?

Grandes expectativas

A parusia e o juízo final

A esperança da *parusia* de Cristo, sua nova "vinda", era uma convicção que Paulo herdara claramente dos primeiros crentes[125] e decerto foi um traço proeminente de suas cartas aos Tessalonicenses. A nova vinda esperada (para breve) de Cristo havia sido evidentemente um tema importante na pregação de Paulo em Tessalônica (1Ts 2,19; 3,13). O problema foi que alguns dos crentes tessalonicenses haviam morrido. Do que Paulo diz fica evidente que outros entre os crentes tessalonicenses temiam que os que haviam morrido estivessem consequentemente em desvantagem na parusia ou mesmo a perdessem (1Ts 4,15). A garantia dada por Paulo era que os que haviam "adormecido" retornariam com Jesus, quando "nós, os vivos que estamos ainda na terra, seremos arrebatados juntamente com eles para as nuvens, ao encontro do Senhor nos ares. Assim estaremos para sempre com o Senhor" (1Ts 4,17). Evidentemente, valendo-se da memória do ensino de Jesus, Paulo garante a seus ouvintes que "o dia do Senhor virá como um ladrão à noite" (1Ts 5,2)[126]. 2Tessalonicenses começa com uma reafirmação mais forte da esperança da parusia – "quando se revelar o Senhor Jesus, vindo do céu com seus anjos poderosos, em chamas de fogo" (2Ts 1,7-8) – e prossegue com uma exposição mais ousada de um período de tribulação sob o domínio do "ímpio", antes da libertação pelo Senhor Jesus (2Ts 2,3-11). As últimas cartas não dão essa importância ao tema. Mas Filipenses fala também do "dia de Cristo" (Fl 1,6.10; 2,16) e também ecoa 1Tessalonicenses 1,10 ao falar dos crentes que "aguardam ou esperam do céu" o retorno de Jesus (Fl 3,20).

Não se deveria esquecer que a teologia da salvação de Paulo não só culminou na ressurreição do corpo, mas também incluiu o pensamento de um juízo final – ao qual os crentes estarão sujeitos, assim como toda a humanidade. E Cristo será o juiz! Paulo não enfatiza muito esse ponto, porém provavelmente

---

125. "A *parusia* do Filho do homem" foi um tema proeminente no grande discurso lembrado em Mateus 24 (cf. v. 3.27.37.39).
126. Mt 24,42-44 || Lc 12,39-40.

reconhecia as claras implicações de algumas das parábolas de Jesus[127]; e, em sua mais veemente acusação da pecaminosidade humana em Romanos 1-2, fala diretamente do "dia em que Deus, de acordo com o meu evangelho, julgará, por Jesus Cristo, os pensamentos secretos de todos" (Rm 2,16). Essa era ainda para Paulo uma das funções primárias da Lei – servir como medida da exigência e do juízo de Deus. Foi "através da Lei" que veio o "conhecimento do pecado". E essa seria a medida usada no juízo final, "de modo que [...] o mundo inteiro se reconheça culpado diante de Deus" (Rm 3,19). Aqui novamente é impressionante que Paulo não pensou em Cristo como único Salvador e em Deus como único juiz. Pelo contrário, ele falou igualmente do "tribunal de Deus" (Rm 14,10) ou do "tribunal de Cristo" (2Cor 5,10). Na verdade, uma de suas expressões favoritas era "o dia do Senhor" para indicar o dia do juízo[128], uma perspectiva que podia enfrentar com alguma segurança (1Cor 3,10-15).

A tensão entre já e ainda não

Um dos traços mais característicos da compreensão que Paulo tinha da salvação, apresentada por seu evangelho, era o que pode ser descrito como tensão já/ainda não. Essa é a dupla convicção: em primeiro lugar, que algo já havia acontecido para o crente, e, em segundo, que a salvação ainda não era completa. Isso, evidentemente, era uma projeção do que Paulo considerava a duplicidade do ministério de Jesus. Durante seu ministério – ou, deveríamos dizer, seu primeiro ministério – Jesus já havia começado o processo da salvação.

---

127. Por exemplo, os maus vinhateiros (Mc 12,1-12 par), os talentos (Mt 25,14-30 || Lc 19,11-27), os trabalhadores na vinha (Mt 20,1-16) e o rico insensato (Lc 12,13-21).
128. 1Cor 1,8; 5,5; 2Cor 1,14; 1Ts 5,2; 2Ts 2,2.

Sua morte e ressurreição puseram em vigor, mediante a fé, o início do processo salvífico – daí o "já". Mas o processo não estaria completo antes do retorno de Cristo, "ainda não", no entanto, na esperança de Paulo, em breve. Novamente ele havia deixado bem clara sua esperança em sua primeira carta aos crentes coríntios: "Assim como em Adão todos morreram, assim em Cristo todos reviverão. [...] Cristo como primícias, em seguida os que pertencem a Cristo por ocasião de sua vinda" (1Cor 15,22-23).

Mas, entre esse início e o clímax triunfante, estava o processo de transformação para tornar-se semelhante a Cristo, de transferir-se, por assim dizer, do estar primariamente "em Adão" para o estar plenamente "em Cristo". No meio estava o processo de ser transformado para tornar-se semelhante a Cristo. Como se expressa Paulo da maneira mais impressionante em Filipenses 3,10-11: "Quero conhecer a Cristo e o poder de sua ressurreição e compartilhar seus sofrimentos, tornando-me semelhante a ele na morte, para poder alcançar a ressurreição dentre os mortos".

O fato de situar o conhecer "o poder da ressurreição de Cristo" antes do "compartilhar seus sofrimentos" indica presumivelmente que Paulo considerava os dois fatos inextricavelmente interligados. O "já" não era a história completa ou o processo completo, mas a "primeira prestação", que, como vimos, era o dom do Espírito, a garantia em si de que o processo iniciado seria certamente completado. Assim Paulo pôde descrever o processo tal qual o de sermos transformados de um grau de glória em outro à imagem do Cristo (2Cor 3,18), de ser conforme à imagem do Filho de Deus (Rm 8,29), "ao corpo de sua glória"[129]. Há uma contraparte à recepção do espírito de adoção (Rm 8,15), que é o ato ulterior de adoção, a saber, a

---

129. Fl 3,21; cf. 1Cor 15,49.

redenção do corpo (Rm 8,23). O dom do Espírito é a garantia de que o processo de salvação será completado.

Jesus como Senhor

Como vimos, Paulo não hesita em falar de Jesus como *Senhor*. Evidentemente, ele sabia muito bem que *Kyrios* (Senhor) era a tradução grega do hebraico "Javé". Mas o que é impressionante é que Paulo estava muito satisfeito em tomar as referências a Javé e referi-las ao Senhor Jesus – como em Romanos 10,9-13, citando Joel 3,5: "Todo aquele que invocar o nome do Senhor será salvo". Muito impressionante é também o fato de que Paulo utiliza uma das mais fortes passagens monoteístas de toda a Bíblia – Isaías 45,21-23 – e usa sua aclamação final, "Diante de mim se dobrará todo joelho, toda língua jurará", em seu grande hino de louvor a Cristo (Fl 2,6-11). E em Romanos 9,5 o grego (ou pontuação) de Paulo pode ser entendido como referindo-se a Cristo como Deus "que está acima de tudo". Paulo certamente via Deus agindo plenamente em e por meio de Cristo. Ele aplicou a Cristo referências a Javé da Bíblia hebraica. Não hesita em afirmar em outro hino: "Foi do agrado de Deus fazer habitar nele a plenitude de Deus" (Cl 1,19). Na verdade, o hino começa saudando Cristo como "a imagem do Deus invisível, o primogênito de toda criatura", no qual "foram criadas todas as coisas no céu e na terra", "tudo foi criado por ele e para ele. Ele é antes de tudo e tudo subsiste nele" (Cl 1,15-17). Uau! Como podemos abster-nos de reconhecer que Paulo via em Cristo a atuação da própria criação? É muito provável, portanto, que Paulo estava tão convencido de que Deus havia atuado por meio de Cristo que não se absteve em algumas ocasiões de identificar Cristo com Deus.

No entanto, quando se concentrou mais detalhadamente no que os crentes podiam esperar, Paulo se expressou com mais cuidado, como vemos em 1Coríntios 15,24-28. Essa é uma das mais extraordinárias expressões de esperança confiante de Paulo – esperança não apenas no futuro, mas no futuro final, o clímax da história humana, na qual (para Paulo, evidentemente) Cristo exerce o papel culminante. Porém, o mais impressionante é que o clímax não é tanto Cristo, mas sim Deus.

> Depois será o fim, quando ele [Cristo] entregar o reino a Deus Pai. [...] Porque é necessário que ele reine até haver posto todos os inimigos debaixo de seus pés. [...] Pois 'Deus pôs todas as coisas debaixo de seus pés' [Sl 8,7]. Quando diz que 'todas as coisas lhe estão submetidas', evidentemente não inclui aquele que lhe submeteu todas as coisas. E quando tudo lhe estiver submetido, então o próprio Filho se submeterá àquele que lhe submeteu todas as coisas, a fim de que Deus seja tudo em todos (1Cor 15,24-28).

O traço realmente impressionante é que a linguagem usada por Paulo para a criação em relação a Cristo é a mesma linguagem que ele usa para a relação do Filho com Deus – "submissão": assim como "todas as coisas" são postas em submissão a Deus, também Jesus o Filho será submetido a Deus. No final, Cristo "entregará o reino" a Deus. O que deve significar que, por mais que Paulo reverencie Jesus, ele permaneceu um fiel monoteísta. O clímax é Deus.

O Paulo posterior

Muitos estudiosos pensam que as cartas ulteriores atribuídas a Paulo, particularmente as cartas pastorais[130], não foram escritas pelo próprio Paulo, mas por algum dos seus seguidores. Alternativamente, se Paulo sobreviveu à sua prisão em Roma (onde Atos termina seu relato dos inícios do cristianismo), é concebível que tenha escrito outras cartas. Com efeito, a questão da autoria

---

130. 1Timóteo, 2Timóteo e Tito.

como tal pode não ser muito importante, já que dificilmente se pode excluir a possibilidade de Paulo ter evoluído, por exemplo, em suas visões acerca das funções na Igreja a ponto de incluir bispos (*episkopoi*)[131] e diáconos (1Tm 3,8.12) no ordenamento das Igrejas que ele estabelecia. Seja como for, provavelmente é melhor entender que as Pastorais mostram como a tradição paulina evoluiu nas últimas décadas do século I.

O mais importante aqui é determinar se o Evangelho de Paulo e a maneira como Jesus foi lembrado e retratado nas Pastorais são de alguma forma diferentes. O debate gira ainda em torno da aparição predeterminada de Cristo para cumprir o objetivo de salvação de Deus:

> Esta graça nos foi dada em Cristo Jesus antes dos tempos, mas agora nos foi manifestada pela aparição de nosso Salvador Jesus Cristo, que aboliu a morte e fez brilhar a vida e a imortalidade por meio do evangelho (2Tm 1,9-10).

Tito 1,2-3 fala da "esperança da vida eterna prometida antes dos tempos pelo Deus que nunca mente" e que agora é revelada na proclamação de Cristo. Tito 2,13, no entanto, levanta a intrigante questão se o autor já estava disposto a falar de Jesus como Deus ("nosso grande Deus e Salvador, Jesus Cristo"); ou deveríamos antes traduzir "o grande Deus e nosso Salvador Jesus Cristo?" A questão talvez seja esclarecida se tomarmos a frase inteira, "a manifestação da glória do nosso grande Deus e Salvador" – sendo a vinda de Jesus considerada a manifestação da glória do único Deus. O paralelo com João 1,14 ("nós vimos a sua glória") sugere que tanto as Pastorais

---

131. Já que a primeira referência nas cartas paulinas está no plural, o termo *episkopoi* em Filipenses deveria provavelmente ser traduzido melhor como "supervisores" (Fl 1,1). Em 1Tm 3,2 e Tt 1,7, passagens que tratam da ordem na Igreja, a referência está no singular (*episkopos*) e "bispo" seria uma tradução mais apropriada.

quanto João estavam se movendo na mesma direção em sua avaliação da importância de Jesus.

O título "Salvador" é muito mais proeminente nas Pastorais do que nas primeiras cartas paulinas e é usado igualmente acerca de Cristo e acerca de Deus – especialmente em Tito: "Deus nosso Salvador" (Tt 1,3; 2,10; 3,4); e "Cristo Jesus nosso Salvador" (Tt 1,4; 2,13; 3,6). E, o que é interessante, a fala da segunda aparição já havia assumido os tons mais comedidos de uma esperança que não aguarda um cumprimento imediato. Pede-se a Timóteo que "guarde o mandamento sem mancha e irrepreensível, até à manifestação de nosso Senhor Jesus Cristo, que ele realizará a seu tempo" (1Tm 6,14-15). O dia dessa aparição é ainda aguardado, mas sem nenhum tom de urgência (2Tm 4,1.8). Há maior preocupação com que a vida seja vivida responsavelmente "no tempo presente [...] aguardando que nossa bendita esperança" se realize (Tt 2,12-13).

Mas, além disso, a cristologia está contida caracteristicamente no que eram de fato fórmulas doutrinais e hínicas já bem estabelecidas, muitas vezes mencionadas como "palavras dignas de fé"[132]:

1Timóteo 1,15	"Esta palavra é digna de fé e de plena aceitação: Cristo Jesus veio ao mundo para salvar os pecadores – dos quais eu sou o primeiro".
1Timóteo 2,5-6	"Há um só Deus e um só mediador entre Deus e a humanidade, Cristo Jesus, ele próprio humano, que se entregou em resgate por todos".
1Timóteo 3,16	"Ele foi manifestado na carne, justificado no espírito, contemplado pelos anjos, proclamado aos gentios, acreditado em todo o mundo, exaltado na glória".
1Timóteo 6,13	"Diante de Deus, que dá vida a todas as coisas, e diante de Cristo Jesus, que deu testemunho perante Pôncio Pilatos numa bela confissão de fé".

---

132. Cf. também: 1Tm 3,1; 4,9.

2Timóteo 2,8	"Lembra-te de Jesus Cristo, ressuscitado dentre os mortos, descendente de Davi – este é meu evangelho, pelo qual sofro penúria".
2Timóteo 2,11-13	"Verdadeira é esta palavra: Se com ele morremos, também com ele viveremos. Se perseveramos, também com ele reinaremos. Se o renegamos, também ele nos renegará. Se somos infiéis, ele permanece fiel – pois não pode renegar-se a si mesmo".
Tito 3,5-8	"Ele nos salvou, não por causa de obras de justiça que tivéssemos praticado, mas por causa de sua misericórdia, mediante a água do renascimento e a renovação pelo Espírito Santo. Deus derramou abundantemente este Espírito sobre nós por meio de Jesus Cristo, nosso Salvador, a fim de que, justificados por sua graça, nos tornássemos herdeiros de acordo com a esperança da vida eterna. Esta palavra é digna de fé".

Esse é presumivelmente o que é resumido como "o ensino que está de acordo com a piedade" (1Tm 6,3).

Isto é provavelmente o que devemos esperar de uma visão de Cristo própria da segunda geração, na qual a fé se tornara mais consolidada e preservada em fórmulas ("palavras dignas de fé") que sintetizam as crenças situadas no centro de seu culto e que proporcionam a base de sua vida no contexto individual e comunitário. Aqui podemos ver como a crença ainda primitiva acerca de Cristo estava se desenvolvendo para as convicções mais elaboradas e mais cuidadosamente definidas acerca de Jesus, que resultaram nos credos cristãos clássicos. Que esses desenvolvimentos possam ser atribuídos a Paulo, ou pelo menos à influência de Paulo, é um lembrete do quanto o apreço do cristianismo primitivo por Cristo devia a Paulo.

* * *

É muito surpreendente o quanto a autocompreensão do cristianismo e sua compreensão de Jesus devem a Paulo. Não se trata apenas da pergunta: Sem Paulo, será que o movimento de Jesus teria tido grande penetração na Europa? Poderíamos reformulá-la da seguinte forma: Sem Paulo, será que o movimento de Jesus teria se transformado em cristianismo como foi entendido por dezenove séculos? Nesta última está contida a questão da maneira como Jesus estava sendo entendido. E é aqui que vemos a influência duradoura de Paulo sobre a teologia cristã.

- Foi primeiramente com Paulo que o evangelho cristão foi sintetizado e elaborado, não em termos do ensino de Jesus, mas focado na morte de Jesus como expiação decisiva pelos pecados, e na ressurreição como a promessa segura de uma salvação que seria completa e final;
- Foi primeiramente com Paulo que o evangelho pôde ser sintetizado em termos de uma justificação e de uma aceitação por Deus que dependia apenas de uma confiança no evangelho e naquele que o evangelho retratava;
- Foi primeiramente com Paulo que os benefícios oferecidos à fé em Cristo puderam ser entendidos como uma participação em Cristo, tanto no que ele fez em sua morte e ressurreição quanto no viver a vida cotidiana "com Cristo" e "em Cristo";
- Foi primeiramente com Paulo que o dom do Espírito é entendido como algo que é a marca definidora do cristão;
- E foi primeiramente com Paulo que a esperança oferecida aos crentes é não só a esperança do retorno de Cristo, mas de tornar-se cada vez mais semelhante a Cristo, até ser finalmente transformado e erguido, como modelado por Cristo, as primícias da colheita final da salvação.

No Paulo posterior vemos realizada a radical redefinição de Cristo para um público muito mais amplo – um Paulo mais conformista, com sua aresta radical podada e sua eclesiologia mais formalmente estruturada e dócil ao controle, uma vez que ele partira para receber sua recompensa. Mas sua própria radicalidade não podia ser esquecida, tal havia sido sua influência em difundir o cristianismo muito além da Palestina e da Síria. Suas cartas, com instruções muitas vezes aguçadas, eram evidentemente consideradas de importância duradoura muito além das Igrejas particulares para as quais ele escreveu. E assim, quase inevitavelmente, foram as primeiras e mais óbvias candidatas, junto aos registros do ministério de Jesus, a ser incluídas no cânon que se tornou o Novo Testamento – o início da Escritura cristã. Continua sendo de primordial importância para o cristianismo o fato de que a eclesiologia das cartas pastorais não resultou que só essas, entre a herança paulina, fossem contadas como Escritura; que o impacto duradouro do primeiro Paulo não foi perdido de vista no que é geralmente conhecido como o "catolicismo primitivo" do período posterior do Novo Testamento. A história cristã situou Pedro ao lado de Jesus numa hierarquia cristã das figuras históricas mais influentes na origem do cristianismo. E a influência eclesiológica de Pedro é clara na predominância de Roma na história cristã. Mas Paulo tem muito mais peso do que Pedro no cânon do Novo Testamento. E, ao lado de Jesus, é a herança paulina que tem sido a força recriadora no cristianismo, podemos até dizer da Reforma em diante. Foi Paulo que rompeu os velhos limites e estimulou a vida do Espírito a prosseguir borbulhante e irromper em novas formas e fórmulas que mais servem ao catolicismo hoje, como na missão para cujo cumprimento ele deu sua vida[133].

---

133. Para mais detalhes e debate, cf. Dunn (2023a, 2023b).

7

Jesus de acordo com Hebreus

Quando nos voltamos para a carta aos Hebreus, ela parece rapidamente ser um novo território um tanto estranho. Não se trata apenas do nome: "Aos Hebreus". Por que "hebreus"? Por que não "judeus" ou "judeus da diáspora" (espalhados ao redor do Mediterrâneo)? Mas, o que é mais importante, não sabemos quem escreveu a carta. Tradicionalmente é atribuída a Paulo, e ainda o era na Versão (Autorizada) da Bíblia do Rei James, publicada em 1611. Contudo, a própria carta não contém nenhum indício sobre quem a escreveu, e as conjecturas, como Barnabé, não têm nenhum motivo real para fundamentar sua resposta. Como, então, conseguiu entrar no cânon do Novo Testamento? Parte da resposta pode ser que ela é geralmente considerada a mais primorosa composição grega do Novo Testamento. Mas a razão principal deve ser que a carta aos Hebreus estava causando um impacto substancial em muitas Igrejas ao redor do Mediterrâneo. Na verdade, tem fortes paralelos com o mundo do pensamento do judaísmo alexandrino, que nos é familiar a partir da intertestamental sabedoria de Salomão e do filósofo judeu alexandrino Fílon. Por isso, talvez fosse a mais clara expressão do primitivo cristianismo alexandrino e em parte, como resultado, era amplamente apreciada nas Igrejas ao redor do Mediterrâneo. O que poderia sugerir que o autor fosse Apolo, que veio de Alexandria e era evidentemente competente em retórica grega (At 18,24). No entanto, em tudo isso estamos em plena escuridão e o pequeno raio de luz em torno de Apolo pode ser ilusório. Assim, precisamos simplesmente aceitar que Hebreus era amplamente aceita e influente como uma expressão adequada da crença cristã primitiva. Seja como for, a visão de Jesus ali apresentada tem uma característica distintiva que suplementa os retratos mais diretos dos evangelistas sinóticos e os retratos mais sofisticados de João e Paulo.

Sejam quais forem os detalhes de sua origem e autoria, o fato é que a carta se tornou uma parte integrante do Novo Testamento – e isso apesar do fato, conforme veremos adiante, de que aquilo que podemos denominar pertencente à Igreja está um pouco em desacordo com a eclesiologia que se tornou a norma para o cristianismo durante o século II. Com efeito, no entanto, o retrato de Cristo em Hebreus é tão rico e tão variado como o que encontramos nas cartas de Paulo.

Cristo como Sabedoria

A carta, se é apropriado denominá-la carta, inicia com uma afirmação impressionante, que utiliza provavelmente um hino cristão primitivo:

> Muitas vezes e de modos diversos Deus falou outrora
> aos nossos Pais pelos profetas.
> Mas nestes dias falou-nos por meio de seu Filho,
> que foi constituído herdeiro de todas as coisas
> e pelo qual criou o mundo.
> Ele é o resplendor de sua glória
> e a expressão de seu próprio ser,
> sustentando todas as coisas pelo poder de sua palavra.
> Depois de ter realizado a purificação dos pecados, sentou-se
> à direita da Majestade nas alturas (Hb 1,1-3).

O hino é uma impressionante expressão da cristologia sapiencial, não diferente do que vimos em Colossenses 1,15-20. Digno de nota é o uso de "resplendor" (*apaugasma*), que pode aludir à Sabedoria de Salomão 7,26, na qual, numa descrição vigorosa, a Sabedoria divina é descrita como o "reflexo da luz eterna" (a única ocorrência da palavra na LXX).

Os ecos de Fílon são ainda mais fortes. Um de seus tratados, sobre Gênesis 15,2-18, se intitula *O herdeiro das coisas divinas*. O *segundo* versículo do hino de Hebreus ("pelo qual criou o mundo") é muito semelhante ao que Fílon diz do *Logos* (Palavra) em diversas passagens[134]. Fílon fala também da mente ou alma do homem como *apaugasma* do *Logos* divino[135]. E fala frequentemente da alma humana que recebe um "carimbo" do poder divino[136], ou é ela própria o "carimbo/impressão" do *Logos*[137].

A questão é que, no pensamento hebraico, Sabedoria e *Logos* eram maneiras de falar acerca da ação de Deus sobre e no mundo do espaço-tempo. É claro, com base em várias passagens, que para Fílon o *Logos* era "a faculdade raciocinante de Deus no ato de planejar a criação do universo"[138], ou a ideia divina arquetípica que chegou à expressão na criação, acima de toda a humanidade[139]. Como observamos anteriormente no capítulo 3, parte da atração do termo *logos* era que ele podia expressar tanto o mundo não falado quanto o mundo falado. Assim, o conceito do *Logos* divino podia expressar o

---

134. *Sobre os sacrifícios de Caim e Abel* 8; *A imutabilidade de Deus* 57; *A migração de Abraão* 6; *As leis especiais* 1.8.

135. *Sobre a criação do mundo* 146; *As leis especiais* 1.8.

136. *Interpretação alegórica* 1.61; *Sobre os sacrifícios de Caim e Abel* 60; *O pior ataca o melhor* 77; *Sobre a confusão das línguas* 102; *O herdeiro das coisas divinas* 38, 181, 294.

137. *Interpretação alegórica* 3.95-97.

138. *Sobre a criação do mundo* 24.

139. *Sobre a criação do mundo* 139; *Sobre a embriaguez* 32-33; *O herdeiro das coisas divinas* 230-231; *Sobre os sonhos* 2.45; *Perguntas e respostas sobre o Gênesis* 1.4; *Perguntas e respostas sobre o Êxodo* 2.122.

que poderíamos denominar tanto a intenção interior de Deus quanto sua expressão na ação. Em outras palavras, para Fílon o *Logos* divino era o pensamento de Deus chegando à expressão – o que explica muito bem a atração do termo para o evangelista João. Sobre esse ponto, uma das passagens mais significativas em Fílon é *Sobre os sonhos* 1.65-66, em que ele imagina penetrar o mais possível no Mundo Divino, só para dar-se conta de que, ao fazê-lo, "ele não alcança realmente aquele que é Deus em sua própria essência, mas o vê de longe".

Coisa semelhante se pode dizer da Sabedoria, a categoria muito mais popular entre os autores sapienciais de Israel. Como novamente, por exemplo, em Provérbios 3,19: "O SENHOR fundou a terra com sabedoria, formou os céus com inteligência". O autor da Sabedoria de Salomão (9,1-6) reza:

> Deus dos Pais e Senhor de misericórdia,
> que por tua palavra criaste todas as coisas
> e por tua sabedoria formaste o ser humano, [...]
> dá-me a sabedoria sentada em teu trono. [...]
> Por mais que alguém seja perfeito entre os seres humanos,
> se lhe falta a sabedoria que vem de ti,
> será considerado como nada.

E o Sirácida [Eclesiástico] termina com um pensamento semelhante ao de Fílon sobre o *Logos*: "Poderíamos dizer muitas coisas e não chegaríamos ao fim. Eis o resumo de nossas palavras: 'Ele é tudo'" (Eclo 43,27). Em outras palavras, Sabedoria e *Logos* são simplesmente maneiras de falar acerca do arranjo da criação de Deus e também de mostrar o desígnio Dele para a humanidade na lei[140].

Aqui os pensadores cristãos precisam lembrar-se de que o conceito que Israel tinha de Deus era quase tão complicado e

---

140. Cf. também os capítulos 6 e 7 de Dunn (2023b).

refinado como a compreensão cristã de Deus. A interação de Deus com o cosmos e com a humanidade podia ser dita em termos do Espírito de Deus, do *Logos* divino e da Sabedoria divina, reconhecendo sempre que Deus como tal estava além da compreensão humana. Como vimos, Fílon deixa isso claro quando imagina ir o mais longe possível em sua concepção de Deus, só para dar-se conta de que ainda há uma distância muito maior a percorrer. O *Logos* e a Sabedoria servem, na medida do possível, para os seres humanos conhecerem a Deus; mas, evidentemente, existem muito mais coisas que se encontram além do conhecimento e da percepção dos seres humanos. Precisamente por isso a Sabedoria e o *Logos* eram tão atraentes para os primeiros teólogos cristãos. A reflexão hebraica descobrira que a Sabedoria em particular era uma maneira eficaz de falar sobre a interação de Deus com a criação e seu envolvimento com seu povo, sem comprometer sua transcendência e sua crença de que Deus era um só. Foi sem dúvida isso que inspirou a cristologia sapiencial em Paulo, como vimos no hino que Paulo cita em Colossenses 1,15-20 e em Hebreus 1, como também na cristologia do *Logos* do prólogo de João (Jo 1,1-18). É um pensamento um tanto desconfortável que a tradição sapiencial de Israel e a reflexão do *Logos* de Fílon conseguiram manter uma espontaneidade e uma flexibilidade que sua adaptação cristã na cristologia perdeu muito rapidamente.

Filho de Deus

A vigorosa abertura da carta, citada anteriormente no início do capítulo, parte de imediato para outra vigorosa afirmação. Pois termina observando que o Filho se tornou muito superior aos anjos (Hb 1,4). E, como se a afirmação anterior não fornecesse explicação suficiente, o autor acrescenta a explicação da superioridade do Filho (Hb 1,5-6):

> Pois a qual dos anjos disse Deus alguma vez: 'Tu és meu Filho; eu hoje te gerei' [Sl 2,7]? Ou ainda: 'Eu serei um Pai para ele e ele será meu Filho' [2Sm 7,14]? E novamente, quando introduz o primogênito no mundo, diz: 'Adorem-no todos os anjos de Deus' [Dt 32,43].

E segue-se uma sequência de citações bíblicas (Hb 1,7-12) para indicar que o Filho está muito acima dos anjos, terminando com a pergunta culminante (Hb 1,13): "A qual dos anjos Deus disse alguma vez: 'Senta-te à minha direita, até que eu ponha teus inimigos como escabelo de teus pés'?" (Sl 110,1).

Os Salmos de Israel tinham ainda muito mais para alimentar a cristologia de Hebreus. Porque, prosseguindo o tema da superioridade do Filho em relação ao anjos, o autor de Hebreus passa a refletir sobre o Salmo 8 (Hb 2,5-9) – introduzindo aqui sua própria adaptação da cristologia do "Filho do homem" tão familiar a partir dos Evangelhos: "O que é o homem para dele te lembrares ou o filho do homem para o levares em consideração?" O salmista se gloriara com o lugar da humanidade na criação, o clímax da criação, "um pouco inferior aos anjos", "coroado de glória e de honra", com "todas as coisas debaixo de seus pés" (Sl 8,5-7). No uso que Paulo faz do Salmo 8,6 a garantia era que, ressuscitando Jesus dos mortos, Deus o havia exaltado e iria na verdade "pôr todas as coisas debaixo de seus pés" (1Cor 15,27). Hebreus observa que de fato o Salmo 8,6 não era correto ou, deveríamos dizer, ainda não era correto que todas as coisas estavam sujeitas aos humanos. O que vemos, no entanto, é o seguinte: "Jesus, que por um pouco de tempo foi feito inferior aos anjos, é agora coroado de honra e glória por ter padecido a morte, de modo que, pela graça de Deus, provou a morte em favor de todos" (Hb 2,9).

Em outras palavras, é Jesus quem primeiro cumpre realmente o desígnio de Deus para a humanidade como um todo. Mas ele o faz (Hb 2,10-13) como alguém faz com aqueles que podem ser chamados de seus "irmãos e irmãs" (Sl 22,23) e também seus "filhos" (Is 8,18).

O que Hebreus celebra, portanto, é que Jesus compartilhou plenamente a realidade e a fragilidade do gênero humano, "a fim de destruir pela morte aquele que tinha poder sobre a morte, isto é, o diabo, e libertar aqueles que, pelo temor da morte, passaram toda a vida em estado de servidão" (Hb 2,14-15). Essa é uma das passagens mais vigorosas de Hebreus, especialmente porque leva a sério a humanidade de Jesus, mesmo celebrando sua superioridade em relação aos anjos. É uma das mais impressionantes transições no documento. Tendo começado realçando a superioridade de Jesus em relação aos anjos, o autor aponta para outra direção: "Pois é claro que ele não veio em auxílio dos anjos, mas dos descendentes de Abraão" (Hb 2,16). Os anjos não precisam de salvação. Os seres humanos é que precisam de um salvador. É por isso que:

> [...] convinha que em tudo ele se tornasse semelhante aos seus irmãos, para ser um sumo sacerdote fiel e misericordioso a serviço de Deus, a fim de fazer assim um sacrifício de expiação pelos pecados do povo. Porque, tendo sido ele mesmo tentado pelo sofrimento, é capaz de socorrer os que são tentados (Hb 2,17-18).

Assim, sua superioridade em relação aos anjos é irrelevante. E por quê, tendo introduzido o tema de Jesus como sumo sacerdote, o autor se detém para realçar que Jesus, "o apóstolo e sumo sacerdote de nossa profissão de fé" (Hb 3,1), era superior também a Moisés, o mais reverenciado servo de Deus na história e no culto de Israel? "Moisés foi fiel [...] como um servo. [...] Cristo, porém, foi fiel [...] como um filho" (Hb 3,5-6).

Nesse ponto o autor convida os ouvintes a ler sua carta e também refletir sobre a própria responsabilidade ao receber essa mensagem. Assim como os próprios israelitas falharam tão gravemente, não conseguindo entrar na terra prometida, da mesma forma os ouvintes da carta que lhes é lida devem cuidar para não repetir tal erro, não endurecer seus corações, mas "ouvir sua voz" (Hb 3,7.15; 4,7). E só então o autor se volta para seu tema principal.

Sacerdote segundo a ordem de Melquisedec

É em Hebreus 4,14 que o autor inicia seu tema principal. Em Jesus, o Filho de Deus, temos um grande sumo sacerdote. O ponto importante acerca do sumo sacerdote é que ele é um de nós. Ele não está acima de nós, nem é estranho às fraquezas humanas que todos nós experimentamos. Como nós, Jesus foi sujeito à provação. Mas, diferentemente de nós, ele é sem pecado (Hb 4,15). O sumo sacerdote comum "é capaz de ser indulgente com os que estão na ignorância e erram, porque ele próprio está sujeito à fraqueza; e por isso deve oferecer sacrifícios tanto pelos seus próprios pecados quanto pelos pecados do povo" (Hb 5,2-3). O mesmo não acontece com Jesus.

Porque o sacerdócio de Jesus é diferente do sacerdócio comum. Para propor sua ideia, o autor remonta novamente ao Salmo 110, do qual já extraiu a prova de que Jesus é superior aos anjos (Hb 1,13). Jesus não só é saudado como Filho de Deus (Hb 5,5, citando outra vez Sl 2,7), mas também o Salmo 110,4 o declara "um sacerdote para sempre, segundo a ordem de Melquisedec" (Hb 5,6). Isso não significa que ele estava livre do sofrimento. Pelo contrário, "embora fosse Filho, aprendeu a obediência por meio dos sofrimentos. E, tendo chegado à perfeição, tornou-se causa de salvação eterna para todos os que lhe obedecem, tendo sido proclamado por Deus sumo sacerdote, segundo a ordem de Melquisedec" (Hb 5,8-10). É sumamente impressionante o fato de Hebreus reconhecer e enfatizar a humanidade de Jesus – "ele aprendeu a obediência", e foi por meio de seu sofrimento que se tornou perfeito. Dificilmente o autor poderia realçar mais claramente que Jesus havia sido capaz de realizar o que realizou somente por meio de seu sofrimento e morte.

Após outra pausa para advertir contra a apostasia (Hb 6,1-8), o autor assume o simbolismo do santuário. Como seu público devia saber, a tenda da reunião durante as andanças de Israel pelo deserto tinha duas seções: o lugar santo, onde os sacerdotes podiam entrar diariamente para oferecer o sangue dos sacrifícios cotidianos, e o santo dos santos. Somente o sumo sacerdote podia entrar no santo dos santos e só num dia do ano, o mais sagrado Dia da Expiação, quando ele borrifava o sangue do bode expiatório sobre "o trono da graça" a fim de fazer a expiação "por si e por toda a assembleia de Israel" (Lv 16,17). É essa imagem que o autor de Hebreus retoma, vendo a tenda da reunião como uma representação do céu, da própria presença de Deus. Assim como o sumo sacerdote entrava no santo dos santos com o sangue do sacrifício expiatório, assim Cristo, o sumo sacerdote segundo a ordem de Melquisedec, entrou no céu, para além da cortina que separava o lugar santo do santo dos santos, "um precursor por nós" (Hb 6,19-20), a fim de abrir o caminho para os humanos comuns entrarem, ou seja, como ficará claro, entrar em seu próprio nome.

Tudo isso depende da compreensão que o autor tem de Melquisedec e do que a Escritura diz a seu respeito. Como mostra Gênesis 14,18, Melquisedec foi rei de Salém, geralmente entendida como Jerusalém[141], e "sacerdote do Altíssimo".

---

141. De forma um tanto surpreendente, o autor de Hebreus não mostra nenhum interesse por esse pormenor; é na Jerusalém celeste que ele está mais interessado (Hb 12,22).

De acordo com o relato do Gênesis, Melquisedec se encontrou com Abraão e o abençoou. É significativo que Abraão reconheceu o sacerdócio de Melquisedec e a bênção que Melquisedec lhe dera, dando a Melquisedec um dízimo, "a décima parte de tudo" (Gn 14,20). No entanto, a coisa mais significativa acerca de Melquisedec, para o autor de Hebreus, não é só que esse nome significa "rei da justiça" e, como rei de Salém, "rei da paz" (Hb 7,2). O mais significativo é que a limitada quantia de informações que o Gênesis traz acerca de Melquisedec permite ao autor de Hebreus concluir que o Melquisedec de Gênesis 14 era "sem pai, sem mãe, sem genealogia, e seus dias não têm começo e sua vida não tem fim" (Hb 7,3). É uma dedução muito ousada: pelo fato de o nascimento e a morte de Melquisedec não serem registrados na história da Escritura, ele pode ser considerado alguém que simboliza ou representa algo eterno. Enquanto sacerdote, sem início e fim (registrado) dos dias, ele pode representar um sacerdócio eterno; "assemelhando-se ao Filho de Deus, permanece sacerdote para sempre" (Hb 7,3). E o fato de Abraão ter pagado dízimos a Melquisedec, e recebido sua bênção, significa que todos os descendentes de Abraão, inclusive os descendentes sacerdotais de Levi, reconhecem que o sacerdócio de Melquisedec é superior ao sacerdócio levítico (Hb 7,4-10).

Tomando agora a iniciativa, o autor de Hebreus prossegue extraindo o significado da linha do sacerdócio de Melquisedec (Hb 7,11-28). Em particular, os sacerdotes segundo a ordem de Aarão morrem; seu sacerdócio não é para sempre (Hb 7,23). E precisam oferecer sacrifícios todos os dias, também por seus próprios pecados (Hb 7,27). Em contraposição, Cristo é um sacerdote não em virtude de descendência física (de Levi), "mas segundo a força de uma vida indestrutível" (Hb 7,16). Conforme afirma o Salmo 110,4: "Tu és sacerdote para sempre segundo a ordem de Melquisedec", uma autorização para o sacerdócio de Cristo citada duas vezes em poucos versículos (Hb 7,17.21), sem dúvida para deixar claro esse ponto. E, diferentemente dos sacerdotes aarônicos, Cristo não precisa oferecer sacrifícios todos os dias por seus próprios pecados e também pelos pecados do povo. Em contraposição, ele o fez, ou seja, ofereceu sacrifício pelos pecados do povo, "uma única vez, oferecendo-se a si mesmo" (Hb 7,27).

Tendo defendido sua ideia de que Cristo é um sacerdote – não qualificado por não provir da tribo de Levi, mas qualificado pela ressurreição e ascensão para o sacerdócio eterno de Melquisedec –, o autor de Hebreus enfatiza que isso está de acordo com a promessa de uma nova aliança (Hb 8). O problema com a primeira aliança era que as ofertas pelos pecados deviam ocorrer todos os dias num santuário terreno. Mas a promessa de uma nova aliança (Jr 31,31-34) inclui a promessa de que os pecados serão perdoados de uma vez por todas (Hb 8,12). O que significa que ofertas repetidas pelos pecados não são mais necessárias. A "nova aliança" tornou "obsoleta" a antiga aliança (Hb 8,13). E o autor prossegue contrastando o antigo tabernáculo (e o Templo de Jerusalém) com seu lugar santo, e o santo dos santos, separado por cortinas, com a presença real de Deus no céu, onde Cristo entrou em sua ascensão. Jesus desempenhou o papel culminante de sacerdote, trazendo não o sangue de bodes e bezerros, mas seu próprio sangue, "obtendo assim a redenção eterna" (Hb 9,12). E enquanto os sacerdotes da antiga aliança precisavam oferecer sacrifícios repetidamente, dia após dia, ano após ano, Jesus entrou na realidade celeste, na presença do próprio Deus, "de uma vez por todas", oferecendo o próprio sangue. É de lá que Jesus aparecerá uma segunda vez, não para tratar dos pecados (isso ele já o fez), "mas para salvar os que estão esperando ansiosamente por ele" (Hb 9,28).

O autor de Hebreus já deixou claro seu objetivo, mas prossegue no capítulo 10 para salientá-lo. O ponto essencial é que, já que Cristo assegurou o perdão dos pecados pelo seu autossacrifício na cruz de uma vez por todas, "não há mais ofertas pelos pecados", nenhuma necessidade de tais ofertas (Hb 10,18). Por sua morte na cruz, Jesus rompeu a cortina que protegia o santo dos santos, a presença simbólica de Deus, dos olhares humanos diários. Por conseguinte, o grande clímax é que também nós, autor e destinatários da carta, podemos agora confiar que entraremos no santuário (celeste) pelo sangue de Jesus. A cortina que separava o lugar santo do santo dos santos foi removida. Agora nós todos, não mais apenas os sacerdotes, não mais apenas o sumo sacerdote, podemos irromper por nós mesmos no santo dos santos celeste, na presença do próprio Deus (Hb 10,19-22). Para aqueles cuja vida inteira e cuja compreensão e experiência religiosa haviam sido construídas em torno do pressuposto de que Deus é tão infinito e santo que só uma pessoa, e só uma vez por ano, podia entrar em sua presença, Hebreus deve ter sido lida e ouvida com uma espécie de choque. Todo o objetivo do autor era e é afirmar que Jesus mudou tudo. Ele próprio havia cumprido todos os requisitos necessários para completar o papel de sacerdote. Ao desempenhar o papel de sacrifício definitivo e também de sacerdote sacrificante, ele removeu a cortina que protegia a presença de Deus dos olhos humanos. E, ao fazê-lo, abriu o caminho para os que anteriormente estavam impedidos de experimentar o perdão e a presença de Deus diretamente por si mesmos; abriu o caminho para chegar à presença Divina.

É um fato realmente intrigante que Hebreus tenha sido aceita no cânon do Novo Testamento numa época em que a linguagem e a prática do sacerdócio estavam voltando ao cristianismo primitivo. O que é igualmente intrigante é o fato de o Concílio Vaticano II ter usado Hebreus, entre todos os textos, para expor a doutrina de uma ordem especial contínua de sacerdócio no povo de Deus. Usar Hebreus para justificar ou explicar um sacerdócio cristão, ignorando o claro impulso e argumento da carta como um todo (como faz a *Lumen Gentium* § 28 do Vaticano II), ainda me parece constituir uma forma de *eisegese* (introduzir no texto por meio da leitura) e um patrocínio especial que não tem justificação a partir da tradição. Dificilmente a carta poderia ser mais clara: (1) O sacerdócio de Jesus é único e irrepetível – só são qualificados os que não têm "nem início dos dias nem fim da vida". Ou seja, só um se qualifica para esse sacerdócio único de Melquisedec – somente Jesus. E (2) porque ele abriu o caminho para Deus, de modo que os adoradores podem se aproximar de Deus imediata e diretamente, não há mais necessidade de sacerdotes para desempenhar um papel intermediário – terminou a necessidade do papel que Cristo desempenhou. É precisamente essa a maravilha e a emoção do argumento de Hebreus: que, por meio de Cristo, o adorador tem acesso imediato e direto à presença de Deus, sem necessidade de qualquer intermediação sacerdotal. Esse é o significado duradouro de Hebreus! Um tanto pesarosamente, é difícil evitar a conclusão de que o retorno a um sistema de culto que ainda exige uma mediação sacerdotal e dela depende parece rejeitar Hebreus e, na verdade, descartá-la do Novo Testamento!

O pioneiro e aperfeiçoador da fé

O argumento do autor é mais ou menos completo, de modo que, após uma palavra de estímulo (Hb 10,24-25) e uma palavra um pouco mais amedrontadora de advertência (Hb 10,26-29), ele recorre a um hino final de louvor e da história da fé. Ele começa com uma impressionante definição acerca disso – impressionante, sobretudo, porque ergue os olhos dos leitores e dos ouvintes para além da definição cristã usual da fé como crença em Cristo. Aqui a fé é definida como "a garantia das coisas esperadas, a convicção das coisas que não se veem" (Hb 11,1). Eis uma definição que permite aos crentes em Cristo reconhecer a solidariedade com um círculo de fé muito mais amplo. Em particular, possibilita aos cristãos reconhecer uma continuidade de crença em Cristo com uma confiança mais ampla ou talvez mais profunda com aqueles que nunca conheceram a Cristo e, no entanto, exerceram essa confiança em Deus, embora menos claramente conhecida do que Cristo tornou possível. Vale a pena observar o grande respeito que Hebreus mostra para com essa fé ainda não cristã. Hebreus 11,1 estimula os cristãos a reconhecer plenamente o caráter e a qualidade da fé e confiança genuínas em Deus onde Cristo nunca foi conhecido.

A lista de menções de pessoas ilustres começa com Abel (Hb 11,4-6), concentra-se naturalmente em Abraão (Hb 11,8-19) e Moisés (Hb 11,23-29) e se esgota já com os juízes de Israel. Culmina com o reconhecimento, já implícito na definição inicial, de que, apesar dessa fé impressionante, sua experiência era insuficiente, já que ainda não era – e não podia ainda ser – fé em Cristo (Hb 11,39-40). Mas essa chamada da fé era toda a preparação necessária para o clímax: a fé em Cristo. A poderosa imagem é a de uma corrida de longa distância, em que o autor e os leitores/ouvintes de sua carta estão correndo, com o apoio da multidão constituída por aqueles que já completaram a corrida. E a meta, a linha de chegada, já está à vista, assinalada por Jesus, "o pioneiro e aperfeiçoador de nossa fé, que, em vez da alegria que lhe foi proposta, suportou a cruz [...] e está sentado à direita do trono de Deus" (Hb 12,2).

Uma exortação ulterior culmina num contraste entre o Monte Sinai, onde Moisés se encontrou com Deus (Hb 12,18-21), e o Monte Sião, a Jerusalém celeste, à qual os destinatários da carta já chegaram. É ali que está "Deus, juiz universal", junto com os "espíritos dos justos que chegaram à perfeição", e também, o que é mais importante, Jesus, "o mediador de uma nova aliança", cujo "sangue aspergido [...] é mais eloquente do que o sangue de Abel" (Hb 12,22-24). Uma exortação ulterior culmina no pensamento de que "Jesus é o mesmo ontem e hoje e para sempre" – um mediador permanente e autovia para Deus, que deixa o tabernáculo, e os sacerdotes e o culto do templo, no passado distante (Hb 13,8). A memória da provisão de sacrifícios pelo pecado, do culto de Israel, não atrai de volta para essa provisão, porque apontava simplesmente para Jesus, que "também sofreu fora da porta da cidade a fim de santificar o povo com seu sangue" (Hb 13,12). Por isso, os crentes em Jesus não deveriam permitir que os laços de família e de lugar os retenham, mas deveriam estar preparados para o insulto e o abuso. Deviam lembrar-se e criar coragem a partir do fato de sua primeira lealdade não ser mais a uma cidade à qual pertencem ou a uma tradição com a qual anteriormente estavam em dívida. "Não temos aqui cidade permanente, mas buscamos a cidade futura" – uma nova Jerusalém (Hb 13,14).

E o autor termina com uma das mais vigorosas bênçãos de despedida de toda a tradição bíblica e cristã:

> O Deus da paz, que pelo sangue da eterna aliança ressuscitou dos mortos o grande pastor das ovelhas, nosso Senhor Jesus, vos disponha para todo bem e para fazer a sua vontade, realizando em nós o que lhe é agradável, por Jesus Cristo, ao qual seja dada a glória pelos séculos dos séculos. Amém (Hb 13,20-21).

* * *

Quando examinamos a carta aos Hebreus como nós o fizemos, é difícil abster-se de um sentimento de certa surpresa pelo fato de a carta fazer parte do cânon do Novo Testamento. A qualidade do seu grego e possivelmente sua origem um tanto excepcional no Egito (se é que foi de lá que ela veio) desempenhou presumivelmente um papel. E, como já observamos, precisamos supor que causou um extenso e duradouro impacto nas Igrejas em torno do Mediterrâneo – caso contrário, é difícil justificar sua aceitação. Mas, afora isso, estamos no escuro.

O aspecto impressionante é que essa aceitação deve ter crescido e se consolidado precisamente no tempo em que, presumivelmente como resultado da influência de Clemente, Inácio e outros, o papel do sacerdote foi se restabelecendo nas Igrejas cristãs. Precisamos acrescentar: foi se restabelecendo *apesar de* Hebreus. Porque, se compreendemos Hebreus adequadamente, teria sido muito natural concluir que os adoradores de Jesus não precisavam mais de sacerdotes. O próprio Cristo era o único sacerdote de que necessitavam. Todos podiam dirigir-se diretamente, por si mesmos, à presença de Deus. Mas, apesar de Hebreus, a centralidade dos sacerdotes como intermediários e essenciais para efetuar o culto foi reafirmada no cristianismo do século II – e rapidamente se tornou oficial outra vez, apesar de Hebreus. Como Hebreus pôde ser tão estimada (a ponto de tornar-se canônica) e, no entanto, ao mesmo tempo tão ignorada (pela reafirmação de que os sacerdotes são ainda necessários para legitimar o culto a Deus e Pai de nosso Senhor Jesus Cristo) é um dos grandes enigmas na história primitiva do cristianismo.

O que também é muito surpreendente é que o judaísmo rabínico primitivo estava ao mesmo tempo se movendo precisamente na direção oposta. Com a destruição de Jerusalém e do Templo de Jerusalém (o próprio cerne do judaísmo tradicional), e apesar do desejo da restauração do templo (ainda uma dor no coração de muitos judeus), o judaísmo avançou numa direção nova e diferente. O templo deixou de ser o centro das atenções do judaísmo. A Torá se tornou o foco quase exclusivo do judaísmo rabínico. O sacerdote perdeu sua função central na religião judaica. Agora o rabino assumiu o papel central. E isso estava acontecendo precisamente ao mesmo tempo que o cristianismo primitivo estava retornando novamente à crença e a práticas religiosas nas quais o sacerdote ocupava um lugar central.

Isso sempre me impressiona como uma das mais surpreendentes evoluções ocorridas no final do século I e início do século II nas duas religiões mais caras a Jesus e aos primeiros discípulos. Apesar de sua longa história de ser uma religião centrada no templo, com sacerdotes e sacrifícios ocupando um lugar tão fundamental para a religião que ela dificilmente poderia ser concebida sem sacerdote e sem sacrifício, o judaísmo tornou-se, do século II em diante, algo diferente – uma religião do livro (Torá) e do mestre (rabino), não mais do sacerdote e do sacrifício. Em contrapartida – na verdade, em total contrapartida –, o cristianismo começou com um foco na palavra que Jesus pregou e encarnou, com sacerdote e sacrifício não ocupando o centro; e, no entanto, no século II retornou ao conceito e à prática da religião com foco no sacerdócio e no sacrifício. A Ceia do Senhor foi, com efeito, transformada: deixou de fazer parte de uma refeição compartilhada e passou a ser uma reencenação de um sacrifício sacerdotal. Enquanto no judaísmo o ritual sacerdotal deu lugar à palavra comentada, no cristianismo a palavra foi, com efeito, subordinada ao ritual sacerdotal revivido.

Só podemos perguntar-nos o que o autor da carta aos Hebreus teria deduzido de tudo isso – e, na verdade, como um sacerdote cristão hoje pode explicar e interpretar Hebreus sem, pelo menos, algum – e talvez considerável – embaraço.

8

Jesus de acordo com Tiago, Pedro, João e Judas

Parece que as cartas foram a principal forma de comunicação entre os líderes fundadores do cristianismo primitivo e as Igrejas que eles instituíram. Também não devemos esquecer que o último livro do Novo Testamento, o Apocalipse, conforme veremos, é, com efeito, prefaciado com uma sequência de cartas. Como não havia microfones ou equipamento de registro disponíveis para preservar os sermões, palestras ou ensinamentos que deram existência às Igrejas destinatárias dessas cartas, dependemos apenas das próprias cartas para obter pelo menos um vislumbre das Igrejas às quais foram escritas. Igualmente dependemos de vários ecos e alusões para obter uma impressão da boa nova em resposta à qual as Igrejas chegaram à existência. Aqui nos falta a ajuda que o relato de Lucas sobre a primeira difusão do cristianismo mediante a missão de Paulo providenciou, ao fornecer o que poderíamos denominar uma perspectiva bidimensional sobre as Igrejas paulinas. Mas temos, pelo menos, as cartas de Tiago, Pedro, João e Judas, e delas podemos obter uma impressão mais completa de um discernimento dos inícios do cristianismo, independentemente da missão paulina, na qual, como observamos, se concentram os Atos.

As cartas geralmente são mencionadas como um grupo – as cartas Católicas. O termo "católico" é usado aqui em seu sentido básico de "universal", referindo-se às cartas como não endereçadas a uma Igreja ou pessoa particular, como foi o caso das cartas paulinas. Para evitar uma possível confusão, são às vezes conhecidas como cartas universais ou gerais. No entanto, isso não deveria desvirtuar o fato de que foram escritas a Igrejas particulares, embora seja provável que logo tenham sido copiadas e passadas a outras Igrejas. Como tais, elas dão um quadro mais completo do crescimento e da expansão do cristianismo primitivo do que aquele que recebemos da tradicional dependência excessiva de Atos e das cartas paulinas.

Não menos importante é a informação e lembrança que proporcionam acerca da missão e contribuição para a fundação e crescimento da Igreja que os autores das cartas deram durante o século I. Na história cristã, quem poderia designar um grupo mais significativo? Tiago e Judas, irmãos do próprio Jesus[142], e Pedro e João, os outros dois nomes que, além de Paulo e Tiago, repercutem mais ricamente nos inícios do cristianismo. Sem dúvida foi isso que estimulou todo aquele que tomava a iniciativa de recolher os restos escritos desses quatro para assegurar que não se perdessem. Outros nomes, como Clemente e Inácio, logo iriam repercutir nas Igrejas do Mediterrâneo, e seus escritos seriam altamente estimados. Mas não pertenciam ao período inicial; não eram pais fundadores; não haviam pertencido ao primeiro grupo

---

142. A tradicional insistência católica (romana) na virgindade (perpétua) de Maria, mãe de Jesus, preferia denominar Tiago e Judas "meios-irmãos" ou primos.

de discípulos de Jesus. Era essa proximidade a Jesus que faltava à segunda geração do cristianismo e que a tornou tanto mais desejosa de preservar quaisquer escritos que pudessem, para assegurar sua própria continuidade com e fidelidade à boa nova que Jesus trouxe e ao mesmo tempo encarnou.

A carta de Tiago

A carta começa um tanto dramaticamente: "Tiago, servo de Deus e do Senhor Jesus Cristo, às doze tribos da Dispersão" (Tg 1,1). Já que no cristianismo mais primitivo o outro Tiago proeminente, o irmão de João, fora executado por Herodes Agripa por volta de 42 d.C. (At 12,2), o único candidato plausível a autor da carta do Novo Testamento é Tiago irmão de Jesus. Ele é mencionado só uma vez nos Evangelhos (Mt 13,55 || Mc 6,3), mas uma aparição do Jesus ressuscitado a Tiago foi proeminente na memória cristã mais primitiva (1Cor 15,7) e parece que rapidamente ele surgiu como líder dos crentes na própria Jerusalém. Em sua primeira visita a Jerusalém após a conversão, Paulo menciona ter visto apenas Tiago além de Pedro (Gl 1,19). No entanto, mais tarde o papel de liderança de Tiago é claro em Atos 12,17 e, com efeito, presidiu a conferência crucial de Jerusalém que decidiu o que se devia esperar dos convertidos gentios (At 15,13-21; Gl 2,9). Seu papel de liderança é confirmado em referências subsequentes (Gl 2,12; At 21,18). Tanto mais interessante, por isso, é que na carta a ele atribuída, nada é dito dessa estreita relação pessoal que Tiago tinha com Jesus. Igualmente interessante é o fato de que a carta é dirigida "às doze tribos da diáspora" – sendo que "diáspora" denota a "dispersão" dos judeus a partir da Palestina. Isso confirma não só que a missão paulina chegava ao entorno do Mediterrâneo oriental, mas também que os crentes judeus, numa ampla dispersão de áreas, estavam mantendo uma conexão direta com a Igreja mãe em Jerusalém.

Com efeito, a carta se refere a Jesus apenas numa outra ocasião: "Meus irmãos, vossa fé em nosso Senhor Jesus Cristo glorioso vos guarde de discriminar as pessoas" (Tg 2,1).

E prossegue com um vigoroso apelo aos ouvintes da carta que lhes é lida, de que devem respeitar todos os que entram em sua assembleia de culto, tanto os pobres quanto os abastados (Tg 2,1-7). Isso nos dá uma pista imediata sobre como Jesus era lembrado nas Igrejas da diáspora judaica e por qual motivo era lembrado. Era não tanto sua morte (e ressurreição), e sim a preocupação que ele tinha pelos pobres, preocupação mostrada e ensinada durante seu ministério. Também relevante aqui é o fato de que, excetuadas as duas referências ao "Senhor Jesus Cristo" já citadas – a esperança na "vinda do Senhor" (Tg 5,7.8) e o conselho de ungir os doentes com óleo "em nome do Senhor" (Tg 5,14-15) –, as outras referências "ao Senhor" dirigem-se provavelmente a Deus[143]. Isso em si, evidentemente, não é de pouco interesse, já que implica que, mesmo naquilo que poderíamos denominar o círculo familiar do próprio Jesus, podia-se aludir a Jesus como "o Senhor" da mesma forma como se podia aludir a Deus como "o Senhor".

De modo algum está claro se essa pretendia ser uma carta escrita ou ditada pelo próprio Tiago. Ela começa como uma carta, mas não termina como tal. Pode ser que coleções ou lembranças do ensino de Tiago foram juntadas num formato de quase-carta para circular entre as Igrejas cristãs judias. Há um paralelo interessante com o material Q, que a maioria dos estudiosos considera uma das fontes utilizadas por Mateus e Lucas ao compor seus Evangelhos. Como vimos (capítulo 2 anteriormente), a tradição Q pôde ser incorporada no pleno for-

---

143. Tg 1,7.12; 4,10.15; 5,4.10.11.

mato de Evangelho estabelecido por Marcos, e um documento Q como tal não foi conservado. Mas a memória do ensino de Tiago não podia ser conservada dessa maneira, e por isso podemos ser gratos por ter sido sintetizada dessa forma num formato de carta. A própria carta pode ser classificada como pertencente à literatura sapiencial judaica, bem conhecida de nós por causa dos Provérbios, e do Eclesiástico e Sabedoria de Salomão intertestamentais. Os ecos e ocasionalmente citações diretas, particularmente dos Provérbios e do Eclesiástico, são frequentes[144]. O que é interessante é que a carta de Tiago lembra e utiliza o ensino de Jesus exatamente da mesma maneira, sendo Jesus, com efeito, lembrado como um famoso mestre de sabedoria, bem de acordo com a tradição da famosa literatura sapiencial de Israel. Apresento exemplos em que Tiago depende muito claramente da tradição de Jesus, mas existem muitos outros ecos do ensino de Jesus[145].

---

144. Cf. James Dunn (2023b).
145.

TIAGO	JESUS
Tiago 1,6	Marcos 11,23-24
Tiago 1,11	Marcos 4,6
Tiago 1,17	Mateus 7,11
Tiago 1,22	Mateus 7,24.26 || Lucas 8,21
Tiago 1,27	Mateus 25,35-40
Tiago 2,10	Mateus 5,18-19
Tiago 2,13	Mateus 18,28-34; 25,45
Tiago 2,14	Mateus 7,21
Tiago 2,15-16	Mateus 25,35-36
Tiago 2,19	Marcos 1,24; 5,7
Tiago 3,1	Mateus 23,8.10
Tiago 3,12	Lucas 6,44
Tiago 3,18	Mateus 5,9
Tiago 4,10	Lucas 14,11

TIAGO	JESUS
Tiago 1,5: "Se alguém de vós sente falta de sabedoria, peça-a Deus [...] e lhe será dada".	Mateus 7,7: "Pedi e vos será dado; buscai e achareis".
Tiago 2,5: "Deus não escolheu os pobres do mundo [...] para serem herdeiros do reino?"	Lucas 6,20: "Felizes sois vós, os pobres, porque vosso é o reino de Deus".
Tiago 2,8: "Fazeis bem em cumprir a lei régia segundo a Escritura: 'Amarás o próximo como a ti mesmo'".	Marcos 12,31: "'Amarás o próximo como a ti mesmo'. Não há mandamento maior do que estes".
Tiago 4,9: "O vosso riso se converta em pranto e a vossa alegria em tristeza"	Mateus 5,4: "Felizes os que choram, porque serão consolados".
Tiago 4,10: "Humilhai-vos diante do Senhor e ele vos exaltará".	Mateus 23,12: "Aquele que se exaltar será humilhado".
Tiago 5,1: "Agora, ricos, chorai e gemei por causa das desgraças que virão sobre vós".	Lucas 6,24: "Ai de vós, ricos, porque já recebestes o consolo".

Tiago 4,12	Mateus 10,28
Tiago 4,14	Marcos 8,36-37
Tiago 4,17	Lucas 12,47
Tiago 5,1	Lucas 6,24
Tiago 5,2	Mateus 6,19
Tiago 5,5	Lucas 16,19.25
Tiago 5,7	Marcos 4,26-29
Tiago 5,9a	Mateus 7,1-2
Tiago 5,9b	Marcos 13,29
Tiago 5,10	Mateus 5,12
Tiago 5,12	Mateus 5,34-37
Tiago 5,14	Marcos 6,13
Tiago 5,20	Mateus 18,15

Tiago 5,2-3: "Vossas riquezas estão podres e vossas roupas carcomidas pelas traças. Vosso ouro e vossa prata enferrujaram".	Mateus 6,20: "Ajuntai riquezas no céu, onde nem a traça nem a ferrugem as corroem".
Tiago 5,12: "Não jureis nem pelo céu, nem pela terra, nem empregueis qualquer outra fórmula de juramento. Vosso sim seja sim, e vosso não seja não, a fim de não serdes condenados ".	Mateus 5,34-37: "Não jureis de maneira alguma, nem pelo céu [...], nem pela terra [...], nem por Jerusalém. [...] Vossa palavra seja sim se for sim; e não se for não. Tudo o que passar disso vem do Maligno".

Aqui duas coisas são interessantes. Uma é que a influência da tradição de Jesus é muito clara. A outra é que o ensino de Jesus não é lembrado como uma tradição fixa que precisa ser atribuída formalmente. Vemos antes que seu ensino foi absorvido e se tornou, com efeito, uma parte integral da parênese cristã. Não se trata do ensinamento de Jesus preservado respeitosamente, por assim dizer, numa redoma de vidro, para ser exibido em ocasiões especiais. É o ensino de *Tiago*, mas que foi impactado, formado e moldado pela tradição do ensino sapiencial de Israel e particularmente pela memória do que Jesus ensinou como parte dessa tradição – talvez, na verdade, como o clímax dessa tradição.

Assim aqui está a maneira como Jesus foi recordado, provavelmente em sua própria comunidade nativa e presumivelmente por seu próprio irmão. É o aspecto prático cotidiano do ensino – não grandes reflexões teológicas como encontramos em Paulo e em Hebreus, mas o conselho cotidiano prático sobre como viver uma vida humilde e disciplinada, atenciosa às próprias responsabilidades e preocupada com os outros. Sem Tiago haveria o perigo de o cristianismo ser considerado uma espécie de exercício teológico. Com Tiago no Novo Testamento, no entanto, os cristãos nunca esquecem que pertencem a uma antiga tradição de sabedoria judaica e que o amor ao próximo é tão fundamental para a vida cristã como qualquer teologização acerca de Jesus e da criação da humanidade.

A (primeira) carta de Pedro

De forma surpreendente, quando se chega aos escritos que constituem o Novo Testamento, 1Pedro é uma espécie de problema. A qualidade do grego nos leva a perguntar-nos se ela foi escrita por um pescador da Galileia; ou deveríamos atribuir o próprio grego a Silvano, o real autor da carta (1Pd 5,12)? A relativa falta de recordação da vida de Jesus, exceto 1Pedro 2,21-25[146] e 5,1, é surpreendente numa carta atribuída ao discípulo mais famoso. Assim também a característica fortemente paulina da linguagem e dos conteúdos da carta é um tanto inesperada vindo de alguém cujo *status* na memória cristã é inteiramente independente de Paulo. E a ausência de qualquer reminiscência de Pedro empenhado na missão na Ásia Menor, exceto a própria carta, está fadada a deixar-nos surpresos e em dúvida. Por outro lado, nosso conhecimento de Pedro a partir dos Evangelhos e dos Atos é um tanto limitado, e o fato de a carta ter sido atribuída a Pedro nos lembra, no mínimo, como ele era altamente estimado no cristianismo primitivo. Por isso, se a carta foi composta ou ditada pelo próprio Pedro ou utilizada como uma maneira de lembrar e celebrar a importância de seu papel nos inícios do cristianismo, pode ser uma discussão à qual não podemos dar uma solução clara.

Certamente 1Pedro faz muito mais referências a Jesus do que Tiago. Aquele se apresenta como "apóstolo de Jesus Cristo" (1Pd 1,1) e saúda seus leitores como "destinados [...] a ser aspersos com seu sangue" (1Pd 1,2). Ele saúda "o Deus e Pai de nosso Senhor Jesus Cristo" (1Pd 1,3), sem nenhuma tentativa de uma

---

146. A referência é tirada essencialmente de Isaías 53,4-6.12.

formulação mais trinitária. Pedro se alegra na ressurreição de Jesus Cristo entre os mortos e assegura uma esperança viva tanto da futura revelação de Cristo (1Pd 1,3-9) quanto da graça que "Jesus nos trará quando for revelado" (1Pd 1,13). Ele lembra que seus leitores foram resgatados "pelo sangue precioso de Cristo, como o de um cordeiro sem defeito e sem mancha", um destino determinado "antes da fundação do mundo", mas "manifestado no fim dos tempos por causa de vós" (1Pd 1,18-20). E um tema forte é até que ponto os sofrimentos de Cristo podem servir como um conforto e garantia aos beneficiários em seus sofrimentos: os sofrimentos de Cristo "deixam um exemplo para que sigais os seus passos", ao que está anexada uma citação de Isaías 53,9 (1Pd 2,19-23). Os ouvintes da carta que é lida podem alegrar-se na medida em que estiveram compartilhando os sofrimentos de Cristo (1Pd 4,13-16)[147].

Até que ponto a fé expressa é focada em Cristo fica claro a partir de outras referências a Jesus também presentes na carta:

1Pedro 2,4-8	"Aproximai-vos dele, a pedra viva, rejeitada pelos homens, mas escolhida e preciosa aos olhos de Deus. E também vós, como pedras vivas, tornai-vos um edifício espiritual e um sacerdócio santo, para oferecerdes sacrifícios espirituais aceitáveis a Deus através de Jesus Cristo"; com citações ulteriores de Isaías 28,16, Salmo 118,22 e Isaías 8,14.
1Pedro 3,18-19	"Também Cristo sofreu de uma vez por todas pelos pecados, o justo pelos injustos, para vos conduzir a Deus. Foi morto na carne, mas voltou à vida pelo Espírito. E nesse mesmo Espírito foi pregar aos espíritos que estavam na prisão" (os desobedientes nos dias de Noé que pereceram no dilúvio); igualmente 4,6.

---

147. Cf. também 1Pd 1,11; 3,14.17-18; 4,1.19; 5,1.10.

1Pedro 3,21-22	"O batismo [...] agora vos salva – não removendo a sujeira do corpo, mas pedindo a Deus uma boa consciência pela ressurreição de Jesus Cristo, que subiu ao céu e está à direita de Deus, tendo os anjos, as autoridades e os poderes sujeitos a ele".
1Pedro 4,10-11	Os crentes devem falar e servir "a fim de que em tudo Deus seja glorificado por Jesus Cristo. A ele pertence a glória e o poder pelos séculos dos séculos. Amém".

O nítido sentimento de Cristo como o agente intermediário pelo qual os crentes podem aproximar-se de Deus, cuja ressurreição é o fundamento de sua confiança e esperança, e que preeminentemente leva glória a Deus, dificilmente podia ser mais claro. Notável é também o fato de que 1Pedro pôde usar o título "Senhor" igualmente para Jesus (1Pd 1,3; 3,15) e para Deus (1Pd 1,25; 3,12), de modo que a referência de 1Pedro 2,3 e 2,13 pode ser tomada de uma maneira ou de outra sem preocupação. O fato de que 1Pedro é o único escrito do Novo Testamento, excetuado Paulo, que usa a expressão "em Cristo" (1Pd 3,16; 5,10.14) não deveria passar despercebido. Ainda mais impressionante é o fato de que a carta se refere ao Espírito que inspirou os profetas de Israel como sendo "o Espírito de Cristo" (1Pd 1,11). E é 1Pedro que contém a ideia de que, entre sua crucifixão e sua ressurreição, Jesus desceu ao inferno para ali prestar auxílio (1Pd 3,18-19), uma referência um tanto enigmática que foi incluída no Credo dos Apóstolos, mas que depois disso não foi mantida.

Ao tratar de Tiago, registramos alguns ecos notáveis da tradição de Jesus, plenamente compreensíveis se a carta tivesse reunido memórias de exortações do próprio Tiago. Com 1Pedro poderíamos muito bem ter esperado a mesma coisa; mas, o que causa certa surpresa, embora haja ecos, conforme veremos a seguir, há ali pouca coisa que se aproxima da tradição de Jesus como vimos em Tiago. Será que isso indica simplesmente uma tradição de ensino tão bem absorvida que muitos de seus traços característicos se perderam? Esperaríamos que os seguidores de Jesus deixassem claro que seu ensinamento foi tomado diretamente do próprio Jesus. Ou estavam tão conscientes da presença diária do Senhor ressuscitado no meio deles que não sentiam nenhuma necessidade de remeter ao ensino específico de seu ministério na Palestina? Afinal de contas, Jesus ainda estava com eles e seu antigo ensino era totalmente adaptável às suas situações específicas e diferentes.

Seja como for, é importante notar a influência contínua de Jesus e de seu ensino num cristianismo já bem estabelecido na Ásia Menor. Os ecos mais próximos à tradição de Jesus são os seguintes[148]:

1PEDRO	TRADIÇÃO DE JESUS
1Pedro 1,6; 4,13	Mateus 5,12
1Pedro 1,10-12	Mateus 13,17
1Pedro 1,17	Lucas 11,12
1Pedro 2,12b	Mateus 5,16b

---

148. Entre outras referências que podem mostrar a influência da tradição de Jesus estão:

1PEDRO	TRADIÇÃO DE JESUS
1Pedro 1,8	João 20,29
1Pedro 1,22	João 13,34
1Pedro 1,23	João 3,3
1Pedro 2,7	Marcos 12,10 (Sl 118,22)
1Pedro 2,17	Marcos 12,17
1Pedro 4,8	Lucas 7,47
1Pedro 4,10	Lucas 12,42
1Pedro 4,14	Mateus 5,11
1Pedro 5,5b-6	Lucas 14,11

1Pedro 2,19-20	Lucas 6,32 || Mateus 5,46-47
1Pedro 3,9.16	Lucas 6,28 || Mateus 5,44
1Pedro 3,14	Mateus 5,10
1Pedro 4,5	Mateus 12,36
1Pedro 4,7	Lucas 21,36
1Pedro 4,14	Lucas 6,22 || Mateus 5,11
1Pedro 5,6	Lucas 14,11
1Pedro 5,7	Mateus 6,25-34

Particularmente notável, no entanto, é a meditação primorosa sobre o significado da morte de Jesus (1Pd 2,21-25). A passagem é principalmente um reflexo do grande Canto do Servo de Isaías 53, e no Novo Testamento é a mais vigorosa expressão da teologia que enfocou a figura do servo sofredor de Isaías. Certamente vale a pena repeti-la na íntegra:

> Também Cristo sofreu por vós e vos deixou o exemplo, para que sigais os seus passos. 'Ele não cometeu nenhum pecado, mentira nenhuma foi encontrada em sua boca' [Is 53,9]. Quando injuriado, não revidava com injúrias; ao sofrer, não amaçava; mas se entregava àquele que julga com justiça. Carregou nossos pecados [Is 53,4] em seu corpo sobre a cruz para que, mortos para o pecado, vivêssemos para a justiça. Por suas feridas fomos curados [Is 53,5]. Vós éreis como ovelhas desgarradas [Is 53,6], mas agora retornastes ao vosso pastor e guarda de vossas almas (1Pd 2,21-25).

Talvez mais impressionante é o fato de que o autor de 1Pedro não é particularmente aclamado. Como já observamos, ele se apresenta simplesmente como "apóstolo de Jesus Cristo" (1Pd 1,1). E depois exorta os anciãos das comunidades a quem escreve, denominando-se "ancião e testemunha dos sofrimentos de Cristo" (1Pd 5,1). Mas não reivindica nenhuma primazia ou precedência. Tudo isso, evidentemente, nos diz mais sobre como o próprio Pedro recordava seu ministério e também como era lembrado pelos primeiros que guardaram com carinho sua memória e seu ministério.

1-3João

As três cartas atribuídas a João estão interligadas e compartilham características distintamente joaninas do Evangelho de João. Por isso é muito natural considerá-las em conjunto. E as cartas podem dar-nos a mais clara indicação de quem escreveu tanto as cartas quanto o Evangelho. Embora 1João não indique quem é seu autor, tanto 2João quanto 3João indicam nas palavras iniciais que foram escritas por João "o Ancião". De que maneira "o Ancião" se relaciona com o apóstolo João permanece obscuro; essa falta de clareza explica presumivelmente por que levou algum tempo até as cartas serem aceitas no cânon do Novo Testamento.

Uma das perguntas mais interessantes acerca de 1João em particular é por que foi escrita. A resposta mais óbvia é sugerida por 1João 2,19. Houve evidentemente uma espécie de cisma na comunidade joanina. Alguns saíram da assembleia e a abandonaram. E a razão foi que eles não podiam, ou não podiam mais, afirmar que "Jesus é o Cristo". Para o autor, isso significava que eles negavam tanto o Filho quanto o Pai que o enviara (1Jo 2,22-23). Ele os condena como "anticristos" – o único uso do termo no Novo Testamento (1Jo 2,18.22; 4,3; 2Jo 7). A linha divisória era evidentemente a crença de que "Jesus Cristo veio na carne" (1Jo 4,2-3; 2Jo 7). Os dissidentes presumivelmente pensavam da mesma forma como os que vieram a ser conhecidos como gnósticos, que viam uma fundamental antítese entre matéria e espírito; ou, mais especificamente, docetas, que afirmavam que Jesus só veio *aparentemente* na carne[149]. Para eles uma encarnação real, uma vinda do céu "na carne", era realmente impossível. Por isso deduziam que Cristo, o Salvador celeste, só poderia ter tido a *aparência* de estar na carne, sendo sua humanidade apenas uma humanidade aparente. Foi isso que o Evangelho havia contestado tão resolutamente: "a Palavra se fez carne" (Jo 1,14). E foi na mesma batalha, agora intensificada, que também as cartas joaninas se empenharam[150].

Para enfrentar o desafio, o autor sugere diversos "testes de vida" pelos quais a comunidade poderia discernir quem pertencia realmente a seu número; particularmente a inabitação do Espírito[151], o amor[152], a obediência[153] e a reta confissão de fé[154]. Excetuada a centralidade de reafirmar a encarnação, são reafirmadas as crenças mais tradicionais:

1João 1,7	"O sangue de Jesus [...] nos purifica de todo pecado".
1João 3,5	"Sabeis que ele se manifestou para tirar os pecados, e nele não há pecado".
1João 3,16	"Nisto conhecemos o amor: que ele deu sua vida por nós".
1João 4,9	"Deus enviou o seu Filho ao mundo para que vivamos por ele".
1João 5,6	"Este é o que veio pela água e pelo sangue: Jesus Cristo".

Mas 1João acrescenta ênfases ulteriores:

149. Cf. capítulo 3, nota 9, desta obra.
150. Inácio, escrevendo às Igrejas da Ásia Menor, provavelmente não muito tempo depois de terem sido escritas as cartas joaninas, travou a mesma batalha (*Aos Efésios* 7; *Aos Tralianos* 9-10; *Aos Esmirnenses* 1-3).
151. 1Jo 3,24; 4,1-3.13; 5,6.8.
152. 1Jo 2,5; 3,16-17; 4,7-12.17-18.
153. 1João não usa o termo "obedecer" e prefere falar de "guardar seus mandamentos" (2,3-4; 3,22.24; 5,3).
154. 1Jo 4,2-3.15; 2Jo 7.

1João 2,1	"Se alguém pecar, temos um advogado junto ao Pai: Jesus Cristo".
1João 3,2	"Quando ele aparecer, seremos semelhantes a ele, porque o veremos como ele é".
1João 3,8	"O Filho de Deus se manifestou para isso: para destruir as obras do demônio".

Como já observamos, uma crença fundamental para a comunidade joanina foi que Jesus era o Messias/Cristo há muito esperado[155]. Mas, mais importante para a comunidade, como se podia esperar a partir do Evangelho, era a referência a Jesus como Filho de Deus. Por exemplo:

1João 1,3	"Realmente nossa comunhão é com o Pai e com seu Filho Jesus Cristo".
1João 1,7	"O sangue de Jesus, seu Filho, nos purifica de todo pecado".
1João 2,23-24	"Quem nega o Filho também não possui o Pai; mas quem confessa o Filho também possui o Pai. [...] Se permanecer em vós o que ouvistes desde o princípio, também vós permanecereis no Filho e no Pai".
1João 4,10	"Nisto consiste o amor: não fomos nós que amamos a Deus, mas foi ele quem nos amou e enviou-nos o seu Filho como vítima de expiação pelos nossos pecados".
1João 4,14-15	"Nós vimos e testemunhamos que o Pai enviou seu Filho como Salvador do mundo. Aquele que confessar que Jesus é o Filho de Deus, Deus permanece nele e ele em Deus".
1João 5,5	"Quem é o vencedor do mundo, senão aquele que crê que Jesus é o Filho de Deus?"

---

155. 1Jo 1,3; 2,1.22; 3,23; 4,2; 5,1.6.20; 2Jo 3.7.9.

1João 5,11-12	"O testemunho é este: Deus nos deu a vida eterna e esta vida está em seu Filho. Quem tem o Filho tem a vida e quem não tem o Filho não tem a vida".
2João 9	"Quem permanece na doutrina de Cristo possui o Pai e o Filho".

Uma faceta impressionante de 1João em particular é o desenvolvimento do tema do permanecer em Cristo, antes elaborado em João 15. Era evidentemente um tema estimado na comunidade joanina e o autor não hesita em enfatizar sua importância. O objetivo é que eles possam "permanecer" em Cristo – por exemplo:

1João 2,6	"Aquele que diz 'eu permaneço nele' deve também andar como ele andou".
1João 2,24	"Se permanecer em vós o que ouvistes desde o princípio, também vós permanecereis no Filho e no Pai".
1João 3,24	"Todos os que guardam seus mandamentos permanecem em Deus e Deus neles".
1João 4,16	"Deus é amor; e quem permanece no amor permanece em Deus, e Deus permanece nele"[156].

Um dos traços mais impressionantes da cristologia de 1João é que o autor toma o tema do Espírito prometido por Cristo no Evangelho como *Paráclito*, o "mediador" ou "intercessor"[157] prometido, e o aplica ao próprio Cristo. "Se alguém pecar, temos um advogado [*paraklêtos*] junto ao Pai: Jesus Cristo, o justo" (1Jo 2,1), o Paráclito no céu que coordena com o Paráclito em seu meio.

As cartas joaninas contêm naturalmente muitos ecos do Evangelho de João. Mas mais interessantes são os ecos da

---

156. Cf. também 1Jo 2,10.14.27.28; 3,6.9.17; 4,12.13.15.16; 2Jo 9.
157. Jo 14,16.26; 15,26; 16,7.

tradição sinótica. A preocupação com a possibilidade de ser apanhado na armadilha ou "tropeçar" (1Jo 2,10) pode muito bem ecoar o ensino de Jesus em Mateus 18,7. "Quem faz a vontade de Deus" (1Jo 2,17) pode muito bem valer-se do ensino de Jesus conservado em Mateus 7,21. 1João 2,28 parece ecoar Marcos 8,38. 1João 3,4 reflete a preocupação com a "anarquia" (*anomia*) tão proeminente em Mateus (e característica dele)[158].

E 1João 4,1 compartilha a preocupação, mais uma vez particularmente de Mateus[159], acerca do perigo dos falsos profetas que desencaminham os seguidores de Jesus. Em outras palavras, as cartas joaninas confirmam que a maneira joanina característica de lembrar Jesus se enraizava nas memórias menos expansivas dos evangelistas sinóticos. O fato de os ecos repercutirem mais frequentemente a memória (às vezes também característica) mateana do ensino de Jesus confirma simplesmente que Mateus era a versão mais usada do ministério e do ensino de Jesus no século II. Em outros casos os ecos são mais tênues[160]. Mas isso pode mais uma vez lembrar-nos de que o ensino de Jesus não era mantido numa formulação estritamente controlada, mas era evidentemente analisado com atenção, elaborado e aplicado a situações mutantes das comunidades cristãs primitivas. Os Evangelhos sinóticos mostram que Jesus não era lembrado de uma maneira estática, rigorosamente restrita, mas em constante compromisso com as situações mutantes dos próprios evangelistas e das Igrejas para as quais escreviam. O Evangelho de João mostra o quanto a tradição de Jesus podia ser remodelada para enfrentar desafios e oportunidades sempre novos. E 1-3João confirma

---

158. Mt 7,23; 13,41; 23,28; 24,12.
159. Mt 7,15; 24,11; 24,24.
160. Por exemplo: 1Jo 2,18 (Mc 13,6-7.21-23); 1Jo 2,22-23 (Lc 12,8-10); 1Jo 3,3 (Mt 5,8); 1Jo 3,15 (Mt 5,21-22); 1Jo 3,22 (Lc 11,9-10); 1Jo 4,11 (Mt 18,32-33); 1Jo 4,17 (Mt 10,15); 1Jo 5,15 (Mt 21,22); 1Jo 5,16 (Mt 12,31a); 2Jo 7 (Mt 24,4-5); 2Jo 10 (Mt 10,13-14).

como a memória viva de Jesus podia informar e inspirar sobre a maneira de responder a tais desafios e oportunidades.

Judas e 2Pedro

Reunimos Judas e 2Pedro porque uma comparação das duas cartas sugere fortemente que uma se valia da outra[161]. A maioria dos comentaristas sugere que 2Pedro se valia de Judas e deveria provavelmente ser considerada o último dos documentos neotestamentários a ser escrito.

Judas

Judas afirma ser escrita por Judas, "irmão de Tiago" (Jd 1). O único "Tiago" óbvio é novamente o irmão de Jesus, que, conforme observamos anteriormente, tornou-se líder da Igreja mãe em Jerusalém por volta do século I. E Marcos 6,3 nos diz que Jesus tinha quatro irmãos, entre os quais: Tiago e Judas. É impressionante que Judas se apresente dessa maneira, em vez de reivindicar Jesus como seu irmão. Isso pode, é claro, sugerir simplesmente um grau de humildade da parte de Judas, como também indicar a estatura de Tiago nas mais antigas comunidades cristãs. 1Coríntios 9,5 sugere que "os irmãos do Senhor" estavam empenhados ativamente no trabalho missionário, e é muito possível que a pregação e o ensino de Judas tenham sido reunidos em forma de carta por respeito a ele. A sequência de exemplos admoestadores tirados da história judaica (Jd 5-23) lembra certamente um mestre judeu muito característico.

De maneira um tanto diferente de Tiago, Judas se refere a Jesus seis vezes, apresentando-se como um "servo de Jesus Cristo" (Jd 1) e referindo-se regularmente a Jesus como "nosso

---

161. Cf. Jd 6-8 (2Pd 2,4-10); Jd 12-16 (2Pd 2,17-18); e Jd 17-18 (2Pd 3,1-3).

Senhor" (Jd 17.21.25), mas também como "nosso único mestre e Senhor" (Jd 4). Em contraposição, no entanto, Judas mostra poucos ecos do ensino de Jesus. Os mais evidentes são:

Judas 4	Exemplo de advertência dos que negam Cristo (Mt 10,33).
Judas 7	Exemplos de advertência de Sodoma e Gomorra (Mt 10,15).
Judas 14	O Senhor/Filho do homem vindo para o juízo (Mt 25,31).
Judas 15	Juízo sobre a fala imprudente (Mt 12,36).

É difícil evitar a impressão de que, embora se tenha destacado em afirmar e viver o Senhorio de Cristo, Judas hauriu seu ensino e exortações características mais naturalmente da história de Israel do que do ensino característico de Jesus.

2Pedro

É consenso entre os estudiosos do Novo Testamento que 2Pedro não foi escrita por Pedro. Dois traços indicam que a perspectiva é tardia. Um é que o atraso da parusia (a segunda vinda de Cristo) se tornou, pela primeira vez no Novo Testamento, um problema (2Pd 3,3-12). O outro é que as cartas de Paulo chegaram a ser consideradas Escritura (2Pd 3,15-16), um *status* não atribuído alhures a elas antes do século II. A dependência de 2Pedro em relação a Judas, suas diferenças em relação a 1Pedro e os indícios acima mencionados de uma perspectiva tardia sugerem uma tentativa posterior de reunir e preservar o ensino que podia ser atribuído a Pedro e era suficientemente estimado para ser preservado e utilizado como recurso para o ensino no século II.

Notavelmente, a carta se refere, de forma regular, a Jesus como "nosso Senhor Jesus Cristo" (2Pd 1,2.8.14.16) ou "nosso Senhor e Salvador Jesus Cristo" (2Pd 1,11; 2,10; 3,18). E, de maneira um tanto impressionante, a carta inicia com uma referência à "justiça de nosso Deus e Salvador Jesus Cristo" (2Pd 1,1). O autor parece muito disposto a referir-se ao clímax da história como "o dia do Senhor" (2Pd 3,10) e como "o dia de Deus" (2Pd 3,12). Mas os ecos do ensino de Jesus são muito tênues. Os mais notáveis são provavelmente:

2Pedro 1,8	Marcos 4,19
2Pedro 1,14	João 21,18
2Pedro 2,1	Marcos 13,22
2Pedro 2,6	Mateus 10,15

Particularmente digno de nota é 2Pedro 1,14, com sua forte alusão a João 21,18-19, um apêndice caracteristicamente joanino ao Evangelho de João, que prognostica o martírio de Pedro. Também digna de nota é a enérgica afirmação de 2Pedro 1,16-18 de que "fomos testemunhas oculares de sua majestade", com alusão direta ao testemunho da transfiguração de Jesus na montanha (Mt 17,5). De modo geral, no entanto, é difícil evitar um sentimento de que a memória do ministério de Jesus se tornou um tanto distante e a relevância de seu ensino lembrado para as diferentes situações agora enfrentadas pelo autor e pelos destinatários se tornou uma preocupação menor. Jesus é ainda lembrado, como 2Pedro 1,16-18 em particular deixa muito claro, mas o grau de dependência de seu ensinamento é bastante remoto em comparação com Tiago, e até mesmo com Paulo. A pergunta sobre quanto o cristianismo teria perdido se Judas e 2Pedro não tivessem sido incluídas no cânon do Novo Testamento provoca uma resposta um tanto embaraçosa.

* * *

Num Novo Testamento dominado pelos evangelhos e pelas cartas de Paulo é fácil descuidar o valor das cartas católicas. Mesmo em Igrejas que leem três ou quatro passagens da Bíblia a cada domingo, as leituras de Tiago, Pedro, João e Judas raramente recebem destaque no sermão ou meditação subsequente. Mas elas são um lembrete importante da amplitude e penetração da geração fundadora do cristianismo. Sem essas cartas, teríamos uma avaliação muito mais limitada do impacto causado por Jesus e das diversas maneiras como sua vida e ministério, sua morte e ressurreição foram lembrados e proporcionaram um recurso para a vida, para o testemunho e para o ministério. Mesmo relativamente negligenciadas pelas Igrejas nos dias atuais, elas representam e encarnam uma rica diversidade que o cristianismo foi desde o início, e sem um regular compromisso com elas o cristianismo de hoje ficaria muito empobrecido.

9

Jesus de acordo com o Apocalipse

"Apocalipse" é um termo grego que denota a revelação de segredos celestiais. Um apocalipse pode ser descrito como uma literatura de crise – uma resposta para quando a esperança se foi, quando, sem intervenção direta do céu, há pouca perspectiva de futuro. Foi assim que nasceu essa literatura, especialmente com o livro de Daniel, surgido da crise dos judeus exilados na Babilônia após a destruição inicial de Jerusalém. E o desespero causado pela subsequente destruição de Jerusalém e de seu templo em 70 d.C. encontrou notável expressão nas visões registradas em 4Esdras. O Apocalipse só pode ser amalgamado com a última, quando a catástrofe que ocorreu com a Jerusalém terrestre só podia encontrar uma resposta no céu e no desígnio mais abrangente de Deus. Um fato significante é que esse é o único escrito neotestamentário pós-70 que mostra que os acontecimentos de 70 d.C. foram experimentados pelos cristãos como igualmente catastróficos, como certamente o foram para Israel e os judeus. Um tanto ironicamente, a judeidade do cristianismo é tão clara no Apocalipse como é clara em qualquer outro lugar nas primeiras décadas de existência do cristianismo.

O autor não hesita em afirmar que foi inspirado e que aquilo que escreveu foi revelado por Deus. Ele se autonomeia "João" (Ap 1,1.4; 22,8). Quem foi esse "João" não é nada claro. Ele afirma ser um coparticipante da perseguição sofrida por seus irmãos, e aparentemente fora exilado ou aprisionado na Ilha de Patmos "por causa da palavra de Deus e do testemunho de Jesus" (Ap 1,9). Mais adiante se refere aos que haviam sido assassinados por causa de seu testemunho (Ap 6,9; 20,4), de modo que a situação considerada é sombria e o uso do gênero apocalíptico pelo autor é totalmente compreensível. Já que a perseguição aos cristãos na Ásia[162] parece ter-se intensificado nos últimos anos de reinado do Imperador Domiciano (81-96), sugere-se para o Apocalipse uma data no final do século I.

O Jesus exaltado

A cristologia do Apocalipse é um tanto surpreendente, embora não quando recordamos o caráter apocalíptico do Apocalipse. O escrito é apresentado como "revelação de Jesus Cristo" (Ap 1,1). O autor, João, registra "o testemunho de Jesus Cristo", uma expressão favorita de João[163], que inclui o testemunho de "tudo o que viu" (Ap 1,2). A bênção introdutória é "daquele que é, que era e que vem[164], e dos sete espíritos que estão diante do seu trono, e de Jesus Cristo, a testemunha fiel, o primogênito dos mortos, o príncipe dos reis da terra" (Ap 1,4-5). Essa naturalidade com que João se refere a Jesus e a Deus numa linguagem semelhante é uma característica de seu escrito. A primeira passagem hínica (Ap 1,7) ecoa Daniel 7,13 ("se aproxima com as nuvens do céu") e Zacarias 12,10 ("todos olharão para ele, mesmo os que o traspassaram"). E João é o

---

162. "Ásia" era então um termo que designava a Turquia Ocidental de hoje.
163. Ap 1,2.9; 12,17; 19,10; 20,4.
164. A mesma expressão é usada para Deus em Ap 1,8 e 4,8.

único autor do Novo Testamento, excetuados os evangelistas, a referir a Jesus (Ap 1,13; 14,14) a visão que Daniel teve de "alguém semelhante a um filho de homem" (Dn 7,13). Também não deveríamos deixar passar a vigorosa autorrevelação de Cristo que serve de introdução às cartas às sete Igrejas: "Eu sou o primeiro e o último, o Vivente. Estive morto, mas agora estou vivo pelos séculos dos séculos. Tenho as chaves da Morte e do Hades" (Ap 1,17-18).

Antes disso, a visão de Apocalipse 1,12-16 – de Jesus "com o peito cingido por uma *faixa de ouro*. [...] *a cabeça e os cabelos brancos como lã branca, brancos como a neve;* seus olhos *como uma chama de fogo,* seus pés *semelhantes ao bronze incandescente* [...] e sua voz *como o estrondo de águas torrenciais*" – utiliza a tradição apocalíptica do judaísmo na qual o anjo glorioso que aparece pode ser quase identificado com Deus. Os ecos das visões de Daniel (7,9.13) e Ezequiel (1,24-27; 8,2), indicados pelas palavras em itálico, são sem dúvida alguma intencionais. O que é impressionante é o contraste com essa tradição apocalíptica nesse ponto. Por exemplo, no Apocalipse de Abraão 17,2 e na Ascensão de Isaías 8,4-5, o anjo glorioso recusa a veneração ou ser saudado como "meu Senhor". E, sem causar surpresa, o Apocalipse segue a mesma tradição no tocante ao anjo interpretador, como fica claro particularmente em Apocalipse 19,10 e 22,8-9. Numa contraposição impressionante, no entanto, Jesus é venerado mais claramente no Apocalipse do que em qualquer outro lugar do Novo Testamento. Os hinos ao cordeiro no capítulo 5 não são diferentes, por natureza, dos hinos a Deus do capítulo 4. E, em passagens como Apocalipse 5,13 e 7,10, o Cordeiro está ligado a Deus numa comum atribuição de adoração:

Apocalipse 5,13	"Àquele que está sentado no trono e ao Cordeiro, o louvor, a honra, a glória e o poder".
Apocalipse 7,10	"A salvação pertence ao nosso Deus, que está sentado no trono, e ao Cordeiro!"

Em outras palavras, as inibições acerca de venerar um glorioso anjo interpretador, que João compartilhava com seus companheiros apocalípticos, ele as abandonou no caso do Cristo exaltado, o Cordeiro de Deus.

Isso implica claramente que, na perspectiva do vidente, não era nenhum acidente o fato de correrem juntas as descrições, presentes em Ezequiel e Daniel, de Deus, como é visto na visão, e dos anjos gloriosos. Sua intenção era precisamente dizer que o Jesus exaltado *não* era meramente ou não deveria ser confundido com um anjo glorioso. O anjo glorioso não deveria ser venerado. Mas o Cristo exaltado sim! Isso está de acordo com o fato, novamente intencional sem dúvida da parte de João, de que tanto Deus como o Cristo exaltado dizem: "Eu sou o Alfa e o Ômega"[165]. João também não se abstém de referir-se ao Cristo exaltado como "o Santo"[166], sabendo perfeitamente que "o Santo" é usado com frequência para referir-se a Deus na LXX, a tradução grega do Antigo Testamento hebraico, muitas vezes na expressão "o Santo de Israel"[167]. O mesmo ocorre com sua afirmação de Jesus como "Rei dos reis e Senhor dos senhores" (Ap 17,14; 19,16), um título presumivelmente adequado só para Deus. E algumas das descrições da relação do Cristo exaltado com o trono, na visão do vidente, parecem insinuar que o Cordeiro estava sentado no trono *de Deus* (Ap 3,21; 7,17); é "o trono de Deus e do Cordeiro" (Ap 22,1.3). Isso deve provavelmente ser uma das maneiras de João reconhecer o mais pleno significado e *status* de Cristo em relação a Deus, sem abandonar seu monoteísmo mais tradicional. Fazer isso sem diminuir a glória do Deus único era possível numa tradição apocalíptica como em nenhum outro lugar, já que essa tradição estava

---

165. Ap 1,8; 21,6; 22,13.
166. Ap 3,7; cf. também: Ap 6,10.
167. A expressão ocorre 29 vezes só em Isaías e é usada para Deus em Apocalipse 15,4 e 16,5.

muito familiarizada com agentes angélicos de Deus que encarnavam a pessoa, a majestade e a autoridade Divina.

O título "Senhor" é usado sobretudo para Deus, com apenas algumas poucas referências a Jesus[168]. As referências a Jesus como "Filho de Deus" são ainda em menor número (Ap 2,18; Ap 12,5), algo inesperado num documento joanino. Após os versículos de abertura, as referências a "Cristo" são quase tão escassas[169], inclusive o pensamento de Deus e "seu Cristo" (Ap 11,15; 12,10) e dos santos que reinam com Cristo (20,4.6). As outras maneiras principais de referir-se a Cristo são também manifestamente derivadas das imagens e dos usos judaicos. Cristo como "o Leão da tribo de Judá" (Ap 5,5) alude a Gênesis 49,9, e Cristo como "raiz de Davi" (Ap 5,5; 22,16) é uma alusão a Isaías 11,1.10, indicando ambas as passagens que para João o significado apocalíptico de Cristo é a expressão de Judá no seu apogeu e o cumprimento das esperanças messiânicas de Israel. O familiar pensamento cristão primitivo de Cristo como exaltado aos céus, governando com Deus (Sl 110,1) e sentado para o julgamento é aceito sem questionamentos. E as predições de sofrimento catastrófico para os crentes culminam com a reafirmação do louvor celestial de que "a realeza do mundo se tornou a realeza de nosso Senhor e de seu Cristo, e ele reinará pelos séculos dos séculos" (Ap 11,15). Como não deveria causar surpresa na literatura apocalíptica, a cristologia no Apocalipse nunca é direta ou simples.

Entre outros traços característicos do retrato que o Apocalipse faz de Jesus está a curiosa reflexão sobre as tribulações da Igreja retratada como a mãe de Cristo (Ap 12); a referência preferentemente joanina a Cristo como a "Palavra de Deus" (Ap 19,13); o reinado milenar dos santos martirizados com Cristo que participam da "primeira ressurreição" (Ap 20,4.6); "a nova

---

168. Ap 11,8; 14,13; 17,14; 19,16; 22,20.21.
169. Ap 1,1.2.5; 11,15; 12,10; 20,4.6.

Jerusalém, que desce dos céus [...], enfeitada como uma noiva para seu esposo" (Ap 21,2), ou seja, o Cordeiro (Ap 21,9); e a garantia conclusiva: "Eis que venho em breve" (Ap 22,7).

As cartas às Igrejas

As cartas às sete Igrejas da Ásia são ditadas por Cristo e dirigidas "ao anjo" de cada uma delas, representado por uma estrela, enquanto cada Igreja é representada por um candelabro de ouro (Ap 1,20). Cada carta tem como introdução a "fórmula" "Assim diz...", seguida de uma referência a Cristo característica para cada Igreja:

Éfeso:	"Aquele que tem na mão direita as sete estrelas e anda no meio dos sete candelabros de ouro" (Ap 2,1).
Esmirna:	"O Primeiro e o Último, que esteve morto e voltou à vida" (Ap 2,8).
Pérgamo:	"Aquele que tem a espada afiada de dois gumes" (Ap 2,12).
Tiatira:	"O Filho de Deus, que tem olhos como chamas de fogo e pés semelhantes ao bronze incandescente" (Ap 2,18).
Sardes:	"Aquele que tem os sete espíritos de Deus e as sete estrelas" (Ap 3,1).
Filadélfia:	"O Santo, o Verdadeiro, que tem a chave de Davi, que abre e ninguém fecha, que fecha e ninguém abre" (Ap 3,7).
Laodiceia:	"O Amém, a testemunha fiel e verdadeira, o princípio/origem da criação de Deus" (Ap 3,14).

As primeiras quatro descrições de Cristo lembram elementos da descrição daquele "semelhante a um filho de homem" que apareceu a João em Ap 1,12-18. As três últimas são mais características – atribuindo a Cristo "os sete espíritos de Deus" (Ap 3,1) e "a chave de Davi"[170]. Sumamente característica é a

---

170. At 3,7, cf. 5,5; 22,16.

designação de Cristo como "o Amém" (A 3,14), uma designação que só aparece aqui no Novo Testamento[171]. E Cristo é evidentemente o modelo da "testemunha fiel" (Ap 1,5; 2,13), um papel de prestar testemunho que João exemplificou (Ap 1,2.9) e que ele estimula do início ao fim[172].

Igualmente característicos são os juízos emitidos por aquele que dita as cartas, e o poder e autoridade que eles reivindicam. A Igreja de *Éfeso* é advertida de que seu candelabro poderá ser removido se não se arrepender, mas Cristo promete aos que vencerem que lhes será permitido "comer da árvore da vida que está no paraíso de Deus" (Ap 2,7). A Igreja de *Esmirna* é estimulada diante da "difamação por parte dos que se dizem judeus e não o são, mas são uma sinagoga de Satanás" (Ap 2,9) – uma condenação assustadora que nasce das tensões entre judeus e crentes em Jesus na Ásia Menor. Aos esmirnenses é prometida "a coroa da vida" e que "não serão prejudicados pela segunda morte" (Ap 2,10-11). A Igreja de *Pérgamo* é duramente advertida contra o falso ensinamento e lhe é prometido: "Ao vencedor darei o maná escondido e lhe darei uma pedrinha na qual está escrito um nome novo que ninguém conhece, exceto aquele que o recebe" (Ap 2,17). Essas palavras são uma garantia misteriosa, porém estranhamente confortante. A mais temível condenação é lançada contra a Igreja de *Tiatira*, que "tolera" o falso ensinamento de uma profetiza (Jezabel), mas com um estímulo aos que resistiram "às profundezas [ensinamentos] de Satanás". Aos vencedores é prometido que lhes será dada "a estrela da manhã", presumivelmente uma promessa de que participarão do triunfo messiânico de Cristo apontado em Apocalipse 22,16.

---

171. Há provavelmente uma alusão a Isaías 65,16, em que uma tradução literal poderia soar como "jurará pelo Deus do Amém".
172. Ap 6,9; 11,7; 12,11.17; 19,10; 20,4.

Quase tão temível é a condenação da Igreja de *Sardes*. Aos poucos "que não sujaram suas vestes" Cristo promete que "caminharão comigo, vestidos de branco"; "jamais apagarei vosso nome do livro da vida; confessarei vosso nome diante de meu Pai e diante de seus anjos" (Ap 3,4-5). A Igreja de *Filadélfia* recebe o maior elogio: "Tens pouca força, mas guardaste minha palavra e não negaste meu nome" (Ap 3,8). Intrigante é novamente a condenação dos judeus locais – "os da sinagoga de Satanás, que se dizem judeus, mas não o são, pois mentem" (Ap 3,9) – um ulterior indício de um devastador colapso nas relações entre novas Igreja na Ásia Menor e as sinagogas estabelecidas há muito mais tempo. Notável é que a promessa da vinda iminente de Cristo é vigorosamente afirmada, como no clímax do escrito (Ap 22,20). E, ironicamente em vista do colapso das relações com as sinagogas locais, e intrigantemente para seu *status*, o Cristo exaltado promete transformar os filadélfios "num pilar no templo de meu Deus. [...] Escreverei sobre ele o nome de meu Deus e o nome da cidade de meu Deus – a nova Jerusalém que desce do céu da parte do meu Deus – e também meu próprio nome novo" (Ap 3,12). Um traço notável é a quádrupla referência de Jesus a "meu Deus". O autor não tem evidentemente nenhum embaraço no âmbito das maneiras como fala da relação entre Jesus e Deus.

Também a crítica da Igreja de *Laodiceia* é um tanto devastadora, sobretudo porque focaliza a indiferença dos laodicenses e seu fracasso em dar-se conta de sua própria pobreza (espiritual) (Ap 3,16-17). O concomitante convite é um dos mais famosos e mais comoventes:

> Eis que estou chegando e batendo à tua porta. Se me ouvires e abrires a porta, entrarei e cearei contigo e tu comigo. Ao vencedor concederei sentar-se comigo em meu trono, assim como eu também venci e estou sentado com meu Pai em seu trono (Ap 3,20-21).

Num documento que exalta tão vigorosamente a Cristo, somos lembrados de que provavelmente não deveríamos dar grande importância ao retrato que o Apocalipse traça de Jesus compartilhando o trono de Deus, já que os santos vencedores também devem receber um lugar no trono celestial. A cristologia das cartas do Apocalipse é um dos traços mais intrigantes do escrito.

O Cordeiro de Deus

O traço mais impressionantemente característico e proeminente do retrato de Jesus apresentado pelo Apocalipse, no entanto, são as 28 referências a Jesus como um "Cordeiro" (*arnion*). Tão expressivo da visão de Cristo do Apocalipse é o tratamento de João nesse ponto, que é importante ter uma clara compreensão de sua apresentação do Cordeiro e de suas implicações cristológicas. Em particular.

Apocalipse 5,6	"Vi [...] entre os anciãos um Cordeiro, de pé, como que imolado. Tinha sete chifres e sete olhos que são os sete espíritos de Deus, enviados por toda a terra".
Apocalipse 5,12	O exército celeste canta em voz alta: "O Cordeiro imolado é digno de receber o poder, a riqueza, a sabedoria, a força, a honra, a glória e a bênção!"
Apocalipse 6,1	"Vi o Cordeiro abrir um dos sete selos [...]" do rolo que prediz o futuro.
Apocalipse 7,14	Os santos perseguidos "lavaram suas vestes e as alvejaram no sangue do Cordeiro".
Apocalipse 7,17	"O Cordeiro, que está no meio do trono, será o seu pastor".
Apocalipse 12,11	"Eles o venceram [Satanás] pelo sangue do Cordeiro".
Apocalipse 13,8	"O livro da vida do Cordeiro imolado".

Apocalipse 14,1	"Tive uma visão: o Cordeiro estava de pé sobre o monte Sião e com ele cento e quarenta e quatro mil que traziam escrito na fonte o nome dele e o nome de seu Pai".
Apocalipse 15,3	Os santos que venceram a besta "cantavam [...] o cântico do Cordeiro".
Apocalipse 17,14	Os reis aliados da besta "lutarão contra o Cordeiro e o Cordeiro os vencerá, porque é o Senhor dos senhores e o Rei dos reis".
Apocalipse 19,7.9	As núpcias do Cordeiro.
Apocalipse 21,9	A noiva, esposa do Cordeiro.
Apocalipse 21,14	Os doze alicerces da Jerusalém celeste, onde estão inscritos os nomes dos apóstolos do Cordeiro.
Apocalipse 21,22-23	"Não vi nenhum templo na cidade, pois o seu templo é o Senhor Deus todo-poderoso e o Cordeiro. E a cidade não precisa de sol nem de lua para ser iluminada, pois a glória do Senhor a ilumina e sua lâmpada é o Cordeiro".
Apocalipse 21,27	"Só entrarão [na cidade] os que estão inscritos no livro da vida do Cordeiro".

Essas imagens de animais são familiares na literatura apocalíptica, embora geralmente não se refiram a um Messias. Mas, enquanto metáfora para aqueles cuja morte era considerada um sacrifício – a imagem é introduzida no capítulo 5: o Cordeiro "de pé, como que imolado" (Ap 5,6.12; 13,8) – essas imagens estão profundamente arraigadas na tradição sacrificial de Israel. Os santos perseguidos "lavaram suas vestes e as alvejaram no sangue do Cordeiro" (Ap 7,14) e venceram Satanás "pelo sangue do Cordeiro" (Ap 12,11). No contexto, no entanto, o que surge não é a imagem de uma vítima fraca. Porque o Cordeiro é descrito também como tendo "sete chifres e sete olhos" (Ap 5,6), sendo que o "chifre" é um símbolo familiar do poder régio[173], e os "sete olhos" aludem a Zacarias 4,10 e

---

173. Como em Dn 7,7-8.11-12.

simbolizam a onisciência divina. E é notável que é o Cordeiro que toma e abre o rolo que revela o futuro aterrador[174]. A escolha de *arnion* para "cordeiro", em vez do mais familiar *amnos*, pode inclusive indicar que João tinha em mente também o sentido de "carneiro", já que o Cordeiro do Apocalipse compartilha o trono de Deus, exerce o juízo (Ap 6,16) e vence seus inimigos (Ap 17,14)[175]. Escolhendo esse termo e suas imagens, João conseguiu reunir os elementos complexos de sua cristologia – o Cordeiro imolado, mas também os santos purificados por seu sangue; e inclusive o Cordeiro que vence Satanás e os seus aliados, e que agora é louvado pelo exército celeste. Igualmente notável é a disposição de expressar o Espírito de Deus como os sete olhos do Cordeiro. A disposição de João de ser tão flexível serve para advertir que as formulações que tentam expressar a relação de Cristo com Deus podem facilmente tornar-se também demasiado restritivas ou aprisionadoras.

* * *

O Apocalipse é um livro curioso, difícil de apreciar quando comparado com os outros escritos do Novo Testamento. Duas coisas devem ser evocadas ao lê-lo, ou ao ouvir uma leitura tirada do Apocalipse, especialmente quando o leitor num serviço de culto apresenta a leitura como "palavra de Deus".

Uma é que o Apocalipse pode ser descrito claramente como "literatura de crise". Foi escrito para Igrejas que anteviam ou já sofriam perseguição por parte das autoridades estatais. Foi assim que surgiu a literatura apocalíptica, a partir das crises causadas pela destruição de Jerusalém e de seu templo. E os cristãos, mesmo na Ásia Menor no final do século I, compartilhavam essa experiência de catástrofe e perseguição. Nada no

---

174. Ap 5,5.8; 6,1-17; 8,1.

175. Os cordeiros são usados em 1Henoc 90 como uma imagem para os Macabeus.

Novo Testamento pode ser comparado com o que o Apocalipse examina. Até a consternação causada pela crucificação de Jesus foi rapidamente substituída pela alegria de sua ressurreição. E nada do que Paulo experimentou e menciona em suas cartas pode se igualar ao que o Apocalipse retrata. O que torna difícil para a maioria dos cristãos do século XXI sentir que o Apocalipse foi escrito para eles ou que fala a eles. Os judeus no gueto de Varsóvia, ou os prisioneiros nos campos japoneses para prisioneiros de guerra na Segunda Guerra Mundial, ou os que sofrem nas várias catástrofes militares do século XXI podem muito bem encontrar alguma fonte de esperança no Apocalipse de João. Mas para a maioria dos que leem o Apocalipse ou ouvem sua leitura, como o Apocalipse lhes fala? Como seu retrato de Cristo os inspira ou os mobiliza? É esse simplesmente um escrito do Novo Testamento a ser apreciado pelo que nos conta sobre os sofrimentos dos primeiros cristãos da Ásia Menor, um escrito a ser mantido de reserva para o caso de tornar-se relevante em alguma futura crise que os crentes em Cristo enfrentarão? Literatura de crise – conservada para lembrar-nos como os primeiros cristãos responderam às crises que enfrentaram, e conservado para proporcionar alguma inspiração ou orientação sobre como podemos ou deveremos responder a futuras crises? É isso?

Em segundo lugar, devemos certamente estar alertas para o perigo de tomar o Apocalipse em sentido literal. No caso de quase todo o resto dos escritos bíblicos, a primeira norma é que devem ser lidos literalmente, adotar o sentido mais obviamente intencional das palavras. Mas a literatura apocalíptica surgiu porque não havia resposta direta às crises que os autores enfrentavam. Eles precisaram recorrer a símbolos e imagens e metáforas, que expressavam, todas elas, a esperança, mas nenhum deles pretendia ser tomado literalmente. O fracasso em avaliar a característica distintiva da literatura apocalíptica levou muitos a tentar viver como se o mundo da visão e do sonho fosse o mundo real ou único. A função chave e a característica de um apocalipse, como a revelação concedida a João, é precisamente a tentativa de olhar para além do mundo imediato, na esperança de sustentar a vida quando a fé está sendo suprimida no mundo presente.

E então o que devemos fazer com o retrato de Cristo ou a referência a ele na revelação feita a João? Evidentemente não devemos tomá-lo de forma literal. Jesus não era um cordeiro. A questão é, de preferência, o que o retrato de Jesus como um cordeiro significa num roteiro apocalíptico. Também não devemos preocupar-nos em tentar correlacionar todas as diferentes referências a Jesus, ou fundi-las numa única cristologia coerente. Também não se deveria presumir que o autor pretendia que as imagens das diferentes visões fossem integradas ou integráveis numa única imagem. A única coisa que importa, em termos de cristologia, é que, nas visões de João, Jesus era considerado repetidas vezes a chave para dar sentido às crises que as Igrejas enfrentavam e o centro da esperança de uma solução bem-sucedida dessas crises. O que importa não é o detalhe – os detalhes às vezes confusos das várias visões –, mas o fato de que Jesus permanecia no centro da esperança. O que importa é que as várias crises não minaram a fé de João em Cristo. Pelo contrário, quando João olhava através e para além dessas crises, Jesus permanecia central para a fé e a confiança que João expressava. Esse era o núcleo do "Jesus de acordo com João" – Jesus como o foco de esperança, de uma esperança segura, no meio e através de quaisquer crises que o tempo presente lança contra nós.

Pós-escrito
Jesus de acordo com...

Que sequência fascinante de testemunhos. Todos eles mostram como era envolvente e influente a figura de Jesus, e como era variado o impacto causado por ele naqueles que se tornaram seus primeiros discípulos e que nos deixaram relatos escritos acerca desse impacto causado sobre eles pela breve vida de Jesus, por sua morte e sua ressurreição. Para os cristãos, evidentemente, um dos grandes traços característicos da história de Jesus é que a história ainda não terminou de modo algum. O impacto que Jesus causou no século I desta era continua a exercer sua influência. Os cristãos de hoje atestam de muito boa vontade que o impacto de Jesus não é simplesmente uma sequência de acontecimentos na história, tampouco de um ensino dado cerca de vinte séculos atrás, que tem significado e força permanentes. Há um impacto contínuo, acreditam e experimentam os cristãos, o impacto do Cristo vivo, conhecido no culto e no companheirismo.

Assim, como foi sugerido no prefácio, é muito natural pensar que a história de Jesus e o impacto causado por ele não terminaram de forma alguma. E, como o impacto no século I já foi bastante variado, conforme mostrado nos capítulos precedentes, é fácil imaginar que o impacto causado hoje será ainda mais – na verdade, muito mais – variado do que foi há vinte séculos. Sendo assim, por que não levar adiante a história de

Jesus e a história de "Jesus de acordo com..."? Esses testemunhos nunca terão a força das primeiras narrativas (do Novo Testamento). Mas, à sua própria maneira, atestarão o impacto contínuo causado pela história de Jesus e pelo Jesus ressuscitado que os cristãos ainda hoje proclamam.

Por isso, pergunto novamente, que tal "Jesus de acordo com você?" Já que somos todos diferentes – assim como os autores do Novo Testamento eram diferentes –, nossos diversos testemunhos também serão diferentes. Que fascinante sinfonia (e quero dizer: conjunto de sons) esses testemunhos dados poderiam ou iriam produzir. E que novo desafio e estímulo essa consonância poderia dar a uma geração para a qual, em sua maioria, a história de Jesus pertence unicamente ao passado, o passado distante. Jesus para hoje! Jesus de acordo conosco! Que tal?

Apêndice 1

Provável data e lugar de origem dos documentos do Novo Testamento

	Palestina	Síria	Ásia	Grécia	Roma
50-52				1-2Tessalonicenses Gálatas	
53-55			1-2Coríntios		
56-57				Romanos	
60-62					Filipenses Colossenses Filêmon
> 62			Efésios?		
65-75					Marcos
75-85	Tiago	Lucas- -Atos			
85-90		Mateus			
c. 90	Judas		Pastorais Apocalipse		Hebreus 1Pedro
95-100			João 1-3João		
110-120					2Pedro

Apêndice 2

Vida e missão de Paulo

c. 1 a.C. – 2 d.C.	Nascimento em Tarso
c. 12-26	Educação em Jerusalém
31-32	Perseguição dos helenistas
32	Conversão
34/35	Fuga de Damasco e primeira visita a Jerusalém
34/35 – 47/48	Missionário da Igreja de Antioquia
47-48	Concílio de Jerusalém e incidente em Antioquia
49/50 – 51/52	Missão em Corinto (1-2Tessalonicences, Gálatas)
51/52	Terceira visita a Jerusalém e Antioquia
52/53 – 55	Missão em Éfeso (1-2Coríntios)
56/57	Edificação da Igreja em Corinto (Romanos)
57	Última viagem a Jerusalém e prisão
57 – 59	Detenção em Jerusalém e Cesareia
59	Tentativa de zarpar para Roma
60	Chegada a Roma
60 – 62	Prisão domiciliar em Roma (Filipenses, Filêmon, Colossenses?)
62?	Execução

Muitos estudiosos acreditam que Efésios foi escrita por um companheiro próximo de Paulo após sua prisão, a fim de sintetizar sua missão.

A maioria dos estudiosos acredita que as cartas pastorais (a Timóteo e a Tito) refletem circunstâncias ulteriores e foram tentativas de mostrar como Paulo teria respondido a desafios que confrontassem duas das pessoas mais importantes da sua equipe de missão.

Referências

BÍBLIA SAGRADA. 6. ed. Petrópolis: Vozes, 2007.

DODD, C. H. *A interpretação do Quarto Evangelho*. São Paulo: Paulus, 2003.

DUNN, J. D. G. *A teologia do apóstolo Paulo*. Tradução: Eliel Vieira. São Paulo: Paulus, 2023a. Versão brasileira do original em inglês.

DUNN, J. D. G. *Começando em Jerusalém*. O cristianismo em seus começos. Livro II. Tradução: Eliel Vieira. São Paulo: Paulus, 2023b. Versão brasileira do original em inglês.

DUNN, J. D. G. *Jesus recordado*. O cristianismo em seus começos. Livro I. Tradução: Eliel Vieira. São Paulo: Paulus, 2022. Versão brasileira do original em inglês.

KÄHLER, M. *The so-called historical Jesus and the historic biblical Christ*. Filadélfia: Fortress, 1964.

MEIER, J. P. *Um judeu marginal*: repensando o Jesus histórico. Rio de Janeiro: Imago, 2003.

SANDERS, J. N. *The Fourth Gospel and the Early Church*: Its origins and influence on Christian Theology up to Irenaeus. Cambridge: Cambridge University Press, 1943.

SANTO INÁCIO DE ANTIOQUIA. *Cartas de Santo Inácio de Antioquia*. Tradução, introdução e notas: Dom Paulo Evaristo Arns. Petrópolis: Vozes, 2023.

TUCÍDIDES. *História da Guerra do Peloponeso*. Tradução: Mário da Gama Kury. Brasília, DF: Editora UnB, 2001.

WREDE, W. *The Messianic secret*. Tradução: J.C.G. Greig. Cambridge: James Clarke, 1971.

WRIGHT, N. T. *Jesus and the Victory of God*. Londres: SPCK, 1996.

Índice remissivo

Símbolos

1-3João
cartas 197
1Pedro
cartas 108
2Pedro
cartas 198

A

Abba 38
Abraão 20
Adão 129
Amor
novo mandamento 16
amor ao próximo 86
anjos 152
Apocalipse 113
Apolo 164
arranjo da criação 166
arrependimento 19
Atos 8
autoridade 7

B

batismo 8
batismo de Jesus Cristo 53
Bem-aventuranças 18

C

cânon 89
Carta de Judas 181
Carta de Tiago 67
Cartas às sete Igrejas 208
Cartas Católicas 182
Cartas Pastorais 156
Ceia do Senhor 8
Christos 74
Clemente 178
comunidade 18
Concílio de Jerusalém 221
Concílio Vaticano II 174
conversão de Paulo 94
Cordeiro de Deus 76
Cornélio 64
Credo dos Apóstolos 190
criação 80
cristianismo 17
cristianismo alexandrino 163
Cristo 20
cristologia 36
culto 24
cura 21

D

Daniel
  Livro de 41
destruição de Jerusalém 87
Deus Pai 130
Dia da Expiação 127
diáspora 109
Diocese de Chichester 11
ditos \"Eu sou\" 30
docetismo 91
dom do Espírito 93

E

Eclesiástico 55
educação 45
Éfeso 89
encarnação de Jesus 81
ensinamento de Jesus 17
escatologia 99
espírito 18
Espírito Santo 38
Eucaristia 88
Evangelho de João 27
Evangelho de Lucas 61
Evangelho de Marcos 46
Evangelho de Mateus 57
Evangelho de Paulo 108
evangelhos 7
Evangelhos sinóticos 197
exorcismo 30
expectativa messiânica 18
expiação 103
Ezequiel 86

F

fariseus 19
fé 20
filho de Deus 38
Filho de Deus 39
Filho do homem 8
Fílon 163

G

Galileia 21
gentios 18
gnosticismo 89
graça 76

H

Heracleão 90
humanidade 90

I

imitatio Christi 125
impacto de Jesus 217
Imperador Domiciano 204
Império Romano 28
Inácio 178
individualismo 86
Ireneu 90
Israel 16

J

Jerusalém 18
Jesus como juiz 112
Jesus como mestre 29
Jesus como novo Moisés 56
Jesus como Salvador 195
Jesus como Senhor 125
Jesus como Servo (Segundo
    Isaías) 108
Jesus Cristo 37
Jesus exaltado 111
João
  apóstolo 11
João Batista 32
John Meier 15
jornadas missionárias 117
judaísmo 29
Judas
  irmão de Jesus 182

juízo final 152
justiça 35
justificação 20

L

leis alimentares 136
Levítico 16
liberdade 57
literatura apocalíptica 207
literatura sapiencial 54
Logos
  Palavra 80

M

Marcos 11
Maria Madalena 7
Martinho Lutero 13
Martin Kähler 49
memória 25
memórias de Jesus 39
Messias 32
metáforas 132
missão aos pecadores 60
missão de Jesus 18
Moisés 51
Montanha 51
morte de Jesus Cristo 21
mulheres 21

N

nova aliança 25

O

oração 20
ordem de Melquisedec 170

P

paixão de Cristo 125
parábolas 8

Paráclito 196
Parusia
  segunda vinda de Jesus 109
Paulo
  apóstolo 11
Pedro
  apóstolo 32
pentecostalismo 145
Pentecostes 60
perdão 102
perseguição 146
Pilatos 27
pobres
  preocupação com 18
pobres e ricos 17
presença divina 54
pureza 23

Q

Quelle (fonte Q) 47

R

Rabi Akiba 17
rabínico 178
reconciliação 128
redenção 126
Reforma 133
regra de ouro 58
Rei de Israel
  Jesus como 75
Reino de Deus 8
ressurreição 22
riqueza 65
Rudolf Bultmann 90

S

Sabedoria de Salomão 163
Sabedoria divina 54, 165
sacerdócio 144
sacerdotes 29

salvação 18
santificação 132
segredo messiânico 50
Sermão de Pentecostes 113
sermões 54
Sinais de Jesus 72
Sirácida 166
sistema sacrificial judaico 109
sociedade oral 105
sofrimento de Cristo 37
sumo sacerdote 79

T

tabernáculo 173
Templo de Jerusalém 173

Tiago, irmão de Jesus 136
tradição 11
transmissão 29
Trindade 97
Tucídides 105

V

Valentino 90

W

William Wrede 50

Z

Zaqueu 18

Índice da Escritura e de outros textos antigos

ANTIGO TESTAMENTO

Gênesis
Gn 1,27 95
Gn 14 199
Gn 14,18 198
Gn 14,20 198
Gn 15,1........................ 91
Gn 15,2-18................ 190
Gn 15,6...................... 151
Gn 38,26....................156
Gn 49,9 243

Êxodo
Ex 17,1-6 98

Levítico
Lv 4,5-7......................149
Lv 4,16-18 149
Lv 4,25 149
Lv 4,30......................149
Lv 4,34......................149
Lv 16 148
Lv 16,14-19 149
Lv 16,17.....................198
Lv 16,21 148
Lv 19,17-18.................. 14
Lv 19,18 13

Deuteronômio
Dt 6,5 13
Dt 10,17 116
Dt 15,11....................... 15
Dt 21,22......................117
Dt 21,22-23...............125
Dt 21,23.....................148
Dt 32,43.....................194

1Samuel
1Sm 24,18 156

2Samuel
2Sm 7,14.....................194

2Crônicas
2Cr 19,7...................... 116

Salmos
Sl 2,7............................. 39
Sl 8 194
Sl 8,5-7.......................195
Sl 8,6 195
Sl 8,7 180
Sl 22,23......................195
Sl 33,6.......................... 92
Sl 80,8-18 86

Sl 107,20 117
Sl 110,1....................... 70
Sl 110,4.......................197
Sl 118,22....................220
Sl 143,2 155

Provérbios
Pv 3,19....................... 93
Pv 8,27 93
Pv 8,30 93
Pv 9,5 95

Isaías
Is 2,2...........................114
Is 7,14.......................... 57
Is 5,1-7 86
Is 8,14 220
Is 8,18.........................195
Is 8,23-9,1 57
Is 11,1..........................243
Is 11,10 243
Is 28,16......................220
Is 29,13...................... 22
Is 40,3-5 66
Is 40,9........................141
Is 42,1-4 18
Is 43,19-20................. 98
Is 45,21-23 179
Is 52,7 117

Is 53 224
Is 53,12 218
Is 53,4 57
Is 53,4-6 218
Is 53,5 225
Is 53,6 225
Is 53,9 219
Is 54,13 99
Is 55,11 92
Is 55,3 124
Is 60,6 141
Is 61 15
Is 61,1 117
Is 61,1-2 72
Is 62,2 156
Is 65,16 245

Jeremias
Jr 2,21 86
Jr 2,4 92
Jr 31,31-34 200

Ezequiel
Ez 15,1-5 86
Ez 17,1-10 86
Ez 19,10-15 86
Ez 47,1-11 98

Daniel
Dn 7,11-12 250
Dn 7,13 42
Dn 7,7-8 250

Oseias
Os 10,1-2 86
Os 11,1 57

Joel
Jl 3,1-5 113
Jl 4,18 98

Miqueias
Mq 4,1 114
Mq 6,5 156
Mq 7,9 156

Habacuc
Hab 2,4 157

Zacarias
Zc 9,9 84
Zc 14,8 98

NOVO TESTAMENTO
Mateus
Mt 1-2 55
Mt 1,21 59
Mt 1,23 56
Mt 1,3-6 59
Mt 2,15 57
Mt 2,23 57
Mt 2,6 59
Mt 3,12 47
Mt 3,14-15 35
Mt 3,16-17 35
Mt 3,7-10 47
Mt 3,9 59
Mt 4 39
Mt 4,14-16 57
Mt 4,23 25
Mt 4,3 40
Mt 4,6 40
Mt 5,10 224
Mt 5,11 222
Mt 5,12 223
Mt 5,16b 223
Mt 5,17 36
Mt 5,17-20 58
Mt 5,18-19 212
Mt 5,21-22 232
Mt 5,27-28 61

Mt 5,3 15
Mt 5,34-37 216
Mt 5,38-48 135
Mt 5,4 215
Mt 5,44 144
Mt 5,46-47 223
Mt 5,8 232
Mt 5,9 213
Mt 6,19 71
Mt 6,20 216
Mt 6,25-34 224
Mt 6,9 129
Mt 7,11 212
Mt 7,12 61
Mt 7,1-2 213
Mt 7,15 231
Mt 7,21 212
Mt 7,23 61
Mt 7,24 212
Mt 7,26 212
Mt 7,28 55
Mt 7,7 214
Mt 8,11-12 19
Mt 8,17 57
Mt 8,2 107
Mt 8,20 41
Mt 8,21 69
Mt 8,25 69
Mt 8,6 107
Mt 8,8 107
Mt 9,13 61
Mt 9,28 107
Mt 9,32-34 30
Mt 10,10 143
Mt 10,13-14 232
Mt 10,15 234
Mt 10,24-25 27
Mt 10,28 213
Mt 10,32 42
Mt 10,33 234
Mt 10,34-36 36

Mt 10,40 36
Mt 10,5-42................. 55
Mt 10,5-6 18
Mt 10,7 25
Mt 11,1........................ 55
Mt 11,18-19 41
Mt 11,2........................ 56
Mt 11,25-26...............129
Mt 11,27 40
Mt 11,29..................... 56
Mt 11,5.......................141
Mt 12,18-21 58
Mt 12,21.......................18
Mt 12,27-28 30
Mt 12,28..................... 25
Mt 12,31a 232
Mt 12,36.................... 224
Mt 12,41-42...............127
Mt 12,7 61
Mt 13,16-17................127
Mt 13,17.................... 223
Mt 13,34..................... 28
Mt 13,3-52................. 55
Mt 13,41.....................231
Mt 13,53..................... 55
Mt 13,55.................... 210
Mt 14,13..................... 34
Mt 14,28..................... 69
Mt 14,30 69
Mt 14,33..................... 89
Mt 15,10-20 22
Mt 15,11 22
Mt 15,1-20 22
Mt 15,17-20 61
Mt 15,22 69
Mt 15,24 59
Mt 15,25..................... 69
Mt 15,27 69
Mt 16,13..................... 42
Mt 16,16 89
Mt 16,17-19.................137

Mt 16,21...................... 32
Mt 17,18 30
Mt 17,20 144
Mt 17,5.......................236
Mt 18,1-35................. 55
Mt 18,15 214
Mt 18,28-34 212
Mt 18,3....................... 21
Mt 18,32-33 232
Mt 19,1....................... 55
Mt 19,16-24................ 71
Mt 19,28..................... 59
Mt 20,1-16 29
Mt 20,30..................... 69
Mt 20,31..................... 69
Mt 20,33..................... 69
Mt 21,22 232
Mt 21,3 69
Mt 21,43..................... 60
Mt 22,35-40 13
Mt 22,37-40 62
Mt 22,44 70
Mt 22,8-9 60
Mt 23,10.....................213
Mt 23,12.....................215
Mt 23,2-5.................... 62
Mt 23,25-26 22
Mt 23,28......................61
Mt 23,33..................... 62
Mt 23,34 57
Mt 23,8 213
Mt 24............................175
Mt 24,11......................231
Mt 24,12......................61
Mt 24,14.....................60
Mt 24,20 62
Mt 24,2-25,46........... 55
Mt 24,24 231
Mt 24,27 175
Mt 24,3 175
Mt 24,36.................... 40

Mt 24,37 175
Mt 24,39....................175
Mt 24,42 69
Mt 24,42-44..............176
Mt 24,43.....................144
Mt 24,4-5 232
Mt 25,1-13 29
Mt 25,14-30 28
Mt 25,31....................234
Mt 25,35-36..............213
Mt 25,35-40 212
Mt 25,45.....................212
Mt 26,1 55
Mt 26,25......................27
Mt 26,39..................... 38
Mt 26,42..................... 38
Mt 26,63..................... 89
Mt 26,64.................... 40
Mt 27,40 89
Mt 27,43..................... 89
Mt 27,54..................... 89
Mt 27,55-56 19
Mt 28,1-20 55
Mt 28,19......................19

Marcos
Mc 1,1.......................... 33
Mc 1,11 39
Mc 1,14....................... 32
Mc 1,14-15 48
Mc 1,15 132
Mc 1,24....................... 37
Mc 1,25....................... 37
Mc 1,27 27
Mc 1,34........................51
Mc 1,35....................... 52
Mc 1,38 36
Mc 1,39......................30
Mc 1,44........................51
Mc 1,45....................... 52
Mc 1,8.........................170

Mc 1,9-11 35
Mc 2,10 41
Mc 2,1-3,6 46
Mc 2,15-17 145
Mc 2,16-17 17
Mc 2,17 36
Mc 2,20 42
Mc 2,28 41
Mc 3,11 37
Mc 3,12 37
Mc 3,15 31
Mc 3,22 30
Mc 3,23-27 30
Mc 3,4 134
Mc 3,6 34
Mc 3,7 52
Mc 3,9 52
Mc 4,11-12 46
Mc 4,1-32 28
Mc 4,13-20 28
Mc 4,1-34 46
Mc 4,19 235
Mc 4,1-9 28
Mc 4,26-29 213
Mc 4,31 25
Mc 4,33-34 28
Mc 4,34 53
Mc 4,35-6,52 46
Mc 4,6 212
Mc 5,34 134
Mc 5,37 52
Mc 5,40 52
Mc 5,43 51
Mc 5,7 40
Mc 6,13 214
Mc 6,2 27
Mc 6,3 210
Mc 6,31-32 53
Mc 6,7-13 31
Mc 7,1-23 22
Mc 7,14-23 22

Mc 7,15 22
Mc 7,17 53
Mc 7,18-19 23
Mc 7,26-30 30
Mc 7,33 52
Mc 7,6-8 22
Mc 8,11-12 133
Mc 8,23 52
Mc 8,27 42
Mc 8,29 37
Mc 8,30 51
Mc 8,31 34
Mc 8,35 49
Mc 8,36-37 213
Mc 8,38 231
Mc 9,18 31
Mc 9,2 53
Mc 9,28 53
Mc 9,31 34
Mc 9,37 36
Mc 9,42 144
Mc 9,5 27
Mc 9,50 144
Mc 9,9 51
Mc 10,11 143
Mc 10,13-16 21
Mc 10,14 21
Mc 10,15 21
Mc 10,21 15
Mc 10,25 71
Mc 10,29 49
Mc 10,32-34 43
Mc 10,33-34 34
Mc 10,34 43
Mc 10,39 50
Mc 10,45 36
Mc 10,51 27
Mc 10,52 134
Mc 11,1-10 32
Mc 11,1-16,8 49
Mc 11,21 27

Mc 11,23-24 212
Mc 11,28 27
Mc 11,3 69
Mc 12,10 222
Mc 12,1-12 28
Mc 12,1-15,47 46
Mc 12,17 222
Mc 12,1-9 40
Mc 12,28-31 13
Mc 12,31 215
Mc 12,36 70
Mc 12,42-44 15
Mc 13,10 60
Mc 13,11 134
Mc 13,21-23 232
Mc 13,22 235
Mc 13,26 42
Mc 13,29 213
Mc 13,3 53
Mc 13,32 40
Mc 13,6-7 232
Mc 14,22-25 23
Mc 14,36 38
Mc 14,45 27
Mc 14,50 43
Mc 14,61 40
Mc 14,62 42
Mc 15,32 83
Mc 15,39 89
Mc 15,40-41 19
Mc 15,9-26 37
Mc 16,19 70
Mc 16,7 54
Mc 16,8 54

Lucas
Lc 1,15 63
Lc 1,17 63
Lc 1,25 74
Lc 1,3 113
Lc 1,35 63

Lc 1,46-55................72
Lc 1,53.........................71
Lc 1,67.........................63
Lc 2,25-27 63
Lc 2,29-32.................66
Lc 3,17 47
Lc 3,21.........................67
Lc 3,21-22 35
Lc 3,22 39
Lc 3,6 66
Lc 3,7-9 47
Lc 4................................39
Lc 4,1 63
Lc 4,14.........................63
Lc 4,17-21 141
Lc 4,18.........................15
Lc 4,26-27 66
Lc 4,3 40
Lc 4,33-35..................30
Lc 4,41.........................30
Lc 4,43 25
Lc 4,9 40
Lc 5,12 69
Lc 5,16 67
Lc 5,30.........................64
Lc 5,32.........................64
Lc 5,8 64
Lc 6,12 67
Lc 6,20.........................15
Lc 6,22 224
Lc 6,24 216
Lc 6,27-28...................144
Lc 6,27-36 144
Lc 6,28.........................224
Lc 6,32.........................223
Lc 6,40.........................27
Lc 6,44.........................213
Lc 7,13..........................69
Lc 7,22..........................15
Lc 7,33-34 41
Lc 7,34.........................64

Lc 7,37-38...................65
Lc 7,47 222
Lc 7,6 69
Lc 8,21.........................212
Lc 8,2-3........................74
Lc 8,27-38....................30
Lc 9,18.........................67
Lc 9,28-29 68
Lc 9,42.........................30
Lc 9,48.........................36
Lc 9,51 32
Lc 9,54 69
Lc 9,58.........................41
Lc 9,59 107
Lc 9,61 107
Lc 10,1 69
Lc 10,16 36
Lc 10,17 31
Lc 10,21 63
Lc 10,22 40
Lc 10,23-24 127
Lc 10,25-28 13
Lc 10,25-37 29
Lc 10,38-42.................74
Lc 10,39 69
Lc 10,40 69
Lc 10,41 69
Lc 10,7.........................143
Lc 10,9.........................25
Lc 11,1 68
Lc 11,13 63
Lc 11,14-15 30
Lc 11,19-20 30
Lc 11,2.........................38
Lc 11,20 25
Lc 11,29 133
Lc 11,31-32 127
Lc 11,39 69
Lc 11,39-41..................22
Lc 11,49 56
Lc 11,9-10 232

Lc 12,13-21 71
Lc 12,33 71
Lc 12,39-40..............176
Lc 12,41 69
Lc 12,42........................222
Lc 12,47........................213
Lc 12,49.......................36
Lc 12,51-53 36
Lc 12,8.........................42
Lc 13,15 69
Lc 13,23 69
Lc 13,32 30
Lc 14,11 213
Lc 14,13 15
Lc 14,15-24 72
Lc 14,21 15
Lc 15,10 65
Lc 15,11-32 62
Lc 15,1-32.....................29
Lc 15,2.........................17
Lc 15,3-10 17
Lc 15,7 65
Lc 16,19 213
Lc 16,19-31...................29
Lc 16,25 213
Lc 17,11-19 67
Lc 17,37 70
Lc 17,5 69
Lc 18,1..........................68
Lc 18,13 65
Lc 18,17 21
Lc 18,18-25 71
Lc 18,2-14.....................68
Lc 18,22 73
Lc 18,2-5......................74
Lc 18,41 70
Lc 18,6.........................69
Lc 18,9-14 17
Lc 19,10 36
Lc 19,11 113
Lc 19,1-10 17

Lc 19,11-27 28
Lc 19,31 69
Lc 19,34 69
Lc 19,7 65
Lc 19,8 15
Lc 20,42 70
Lc 21,24 113
Lc 21,2-4 15
Lc 21,36 224
Lc 22,26 126
Lc 22,30 59
Lc 22,33 69
Lc 22,38 69
Lc 22,40 68
Lc 22,42 38
Lc 22,44 68
Lc 22,61 69
Lc 22,67-70 40
Lc 22,69 70
Lc 22,70 89
Lc 23,27-29 74
Lc 23,34 38
Lc 23,46 38
Lc 23,49 19
Lc 24,34 70

João

Jo 1,1-18 91
Jo 1,14 88
Jo 1,17 85
Jo 1,18 88
Jo 1,29 85
Jo 1,34 87
Jo 1,38 27
Jo 1,41 81
Jo 1,49 27
Jo 2,11 78
Jo 2,13-22 32
Jo 2,16 87
Jo 2,18-22 33
Jo 2,19-21 85
Jo 2,23 78

Jo 2,23-25 133
Jo 2,23-3,10 32
Jo 3,13 89
Jo 3,16 88
Jo 3,17 88
Jo 3,18 88
Jo 3,22-4,42 32
Jo 3,3 26
Jo 3,34 36
Jo 3,35 88
Jo 3,5 26
Jo 3,5-8 134
Jo 4,10-14 85
Jo 4,14 95
Jo 4,23-24 98
Jo 4,25 81
Jo 4,25-26 81
Jo 4,29 37
Jo 4,31 27
Jo 4,43-54 32
Jo 4,48 133
Jo 4,54 78
Jo 5,19 88
Jo 5,26 89
Jo 5,36 36
Jo 5,37 87
Jo 5,38 36
Jo 6 79
Jo 6,14 79
Jo 6,15 84
Jo 6,2 79
Jo 6,25 27
Jo 6,26 79
Jo 6,29 36
Jo 6,35 79
Jo 6,38 89
Jo 6,44 87
Jo 6,45 99
Jo 6,48-58 85
Jo 6,52 86
Jo 6,53-58 97
Jo 6,54-55 99

Jo 6,57 36
Jo 6,63 100
Jo 7 82
Jo 7,10 32
Jo 7,11-12 86
Jo 7,26 82
Jo 7,26-44 82
Jo 7,29 36
Jo 7,31 79
Jo 7,35 86
Jo 7,39 134
Jo 7,40-44 86
Jo 7,41 33
Jo 7,52 33
Jo 8,12 79
Jo 8,42 36
Jo 8,54 87
Jo 8,58 79
Jo 9 79
Jo 9,16 79
Jo 9,2 27
Jo 9,22 82
Jo 10,11 79
Jo 10,19-21 86
Jo 10,24 82
Jo 10,30 87
Jo 10,3-4 97
Jo 10,36 88
Jo 11 20
Jo 11,25 80
Jo 11,27 83
Jo 11,41 38
Jo 11,42 36
Jo 11,47 79
Jo 11,8 27
Jo 12,11 86
Jo 12,17-19 86
Jo 12,18 79
Jo 12,20-26 19
Jo 12,27-28 38
Jo 12,34 82
Jo 12,37 79

Jo 12,50 89
Jo 13,20 36
Jo 13,34 222
Jo 13,34-35 96
Jo 14,15-16 129
Jo 14,16 231
Jo 14,21 96
Jo 14,26.....................99
Jo 14,6.......................80
Jo 15,1.........................29
Jo 15,10 96
Jo 15,12-13 97
Jo 15,1-7 97
Jo 15,26.....................231
Jo 16,7 231
Jo 16,7-15 129
Jo 17,1 38
Jo 17,11........................38
Jo 17,21 38
Jo 17,23 36
Jo 17,24-25 38
Jo 17,25 36
Jo 17,3..........................83
Jo 17,5..........................38
Jo 17,8 36
Jo 18,36 26
Jo 19,12-22..................84
Jo 19,25-27 19
Jo 19,3........................84
Jo 19,33-39 84
Jo 20,11-18 20
Jo 20,21 36
Jo 20,22.....................134
Jo 20,29.....................133
Jo 20,30 79
Jo 20,30-31.................81
Jo 20,31 88
Jo 21,15-17 137
Jo 21,18 235
Jo 21,18-19 235

Atos
At 1,1-5...................... 104
At 1,22 118
At 1,2-3...................... 104
At 1,24 68
At 1,5 104
At 1,6 104
At 1,6-7...................... 113
At 1,7-8...................... 104
At 1,9-11...................... 104
At 2,14-36 109
At 2,15-25 127
At 2,17 114
At 2,19-20 114
At 2,21 133
At 2,22 114
At 2,23 125
At 2,24-32 122
At 2,31........................114
At 2,32-36 131
At 2,33 108
At 2,34 70
At 2,34-36..................107
At 2,36 108
At 2,38 106
At 2,38-39..................134
At 2,39 113
At 2,44 132
At 3,11-26 110
At 3,12-26 122
At 3,13 125
At 3,13-15...................125
At 3,19 132
At 3,20 130
At 3,20-21 127
At 3,24 127
At 3,25 118
At 3,26 130
At 3,6.........................106
At 4,10.......................107
At 4,10-11 122

At 4,12.......................133
At 4,1-2......................122
At 4,18.......................107
At 4,24-30............... 110
At 4,27 125
At 4,30.......................125
At 4,32 132
At 4,33 123
At 4,34-37 128
At 4,5-6 107
At 4,8-12 110
At 5,12-14 133
At 5,14 132
At 5,16 31
At 5,30-31................... 130
At 5,31 133
At 5,32 134
At 5,40 107
At 6,1-6.......................16
At 6,6...........................68
At 7,2-53 110
At 7,52 125
At 7,55-56................ 104
At 7,56........................41
At 7,59-60 108
At 8.............................135
At 8,12 107
At 8,15-17 134
At 8,16.......................107
At 8,30-35................ 110
At 8,7...........................31
At 9,1..........................108
At 9,10.......................129
At 9,10-16................ 104
At 9,11..........................68
At 9,15 67
At 9,17 108
At 9,27-28..................107
At 9,34 129
At 9,3-8......................137
At 9,42 133

239

At 9,4-6 ... 105
At 10,11-13 ... 106
At 10,15-17 ... 106
At 10,19 ... 106
At 10,30 ... 68
At 10,30-32 ... 106
At 10,34-35 ... 120
At 10,34-43 ... 110
At 10,35 ... 120
At 10,36 ... 116
At 10,36-39 ... 124
At 10,36-43 ... 116
At 10,37 ... 118
At 10,3-7 ... 106
At 10,38 ... 117
At 10,39 ... 117
At 10,39-40 ... 119
At 10,40 ... 119
At 10,41 ... 117
At 10,42 ... 118
At 10,43 ... 118
At 10,44 ... 115
At 10,44-47 ... 134
At 10,48 ... 129
At 10,9 ... 68
At 10-11 ... 105
At 11,14 ... 133
At 11,1 ... 115
At 11,17 ... 108
At 11,20 ... 108
At 11,4-18 ... 110
At 11,5 ... 68
At 12,17 ... 210
At 12,2 ... 210
At 12,7-11 ... 106
At 13,12 ... 133
At 13,16-41 ... 111
At 13,24 ... 118
At 13,26 ... 117
At 13,27-28 ... 125
At 13,29 ... 125
At 13,29-37 ... 123

At 13,3 ... 68
At 13,32-33 ... 131
At 13,33 ... 115
At 13,38-39 ... 133
At 13-14 ... 137
At 14,22 ... 124
At 14,23 ... 68
At 14,26-28 ... 137
At 15,1 ... 138
At 15,11 ... 108
At 15,13-21 ... 111
At 15,13-22 ... 158
At 15,23-29 ... 111
At 15,26 ... 108
At 15,5 ... 132
At 16,1 ... 129
At 16,25 ... 68
At 16,31 ... 108
At 16,6-7 ... 108
At 16,9-10 ... 106
At 17,18 ... 124
At 17,22-31 ... 111
At 17,30 ... 132
At 17,31 ... 114
At 18,1-18 ... 138
At 18,12-13 ... 138
At 18,24 ... 188
At 18,24-19,7 ... 135
At 18,27 ... 132
At 18,9 ... 106
At 19,13 ... 108
At 19,17 ... 108
At 19,17-18 ... 133
At 19,18 ... 132
At 19,5 ... 108
At 19,8 ... 124
At 19,8-10 ... 138
At 20,17-35 ... 111
At 20,21 ... 108
At 20,24 ... 108
At 20,25 ... 124
At 20,28 ... 125

At 20,35 ... 108
At 20,36 ... 68
At 21,13 ... 108
At 21,18 ... 210
At 21,20 ... 132
At 21,25 ... 132
At 21,27-36 ... 139
At 21,5 ... 68
At 22,1-21 ... 111
At 22,15 ... 67
At 22,17 ... 69
At 22,17-19 ... 106
At 22,19 ... 132
At 22,7-8 ... 105
At 23,11 ... 106
At 24,10-21 ... 111
At 24,17 ... 139
At 24,21 ... 124
At 24,25 ... 127
At 26,14-18 ... 105
At 26,16 ... 129
At 26,17-18 ... 67
At 26,19 ... 129
At 26,19-20 ... 132
At 26,2-29 ... 112
At 28,23 ... 124
At 28,25-28 ... 112
At 28,31 ... 124
At 28,8 ... 69

Romanos
Rm 1-2 ... 177
Rm 1,1 ... 139
Rm 1,15-16 ... 140
Rm 1,16 ... 134
Rm 1,16-17 ... 156
Rm 1,3-4 ... 143
Rm 1,4 ... 90
Rm 2,11 ... 116
Rm 2,16 ... 177
Rm 2,29 ... 134
Rm 2,4 ... 132

Rm 3,19 177	Rm 8,29 167	1Cor 1,8 177
Rm 3,20 155	Rm 8,3 148	1Cor 3,10-15 177
Rm 3,22-24 162	Rm 8,32 149	1Cor 4,15 140
Rm 3,23-26 155	Rm 8,34 70	1Cor 4,17 163
Rm 3,24 154	Rm 8,3-4 159	1Cor 4,20 26
Rm 3,24-25 148	Rm 8,9 170	1Cor 4,8 152
Rm 3,25 149	Rm 8,9-11 129	1Cor 5,5 177
Rm 3,30-31 159	Rm 9,25-26 157	1Cor 5,7 148
Rm 4 157	Rm 9,5 179	1Cor 6,10 26
Rm 4,24 151	Rm 10,13 134	1Cor 6,11 134
Rm 4,25 149	Rm 10,15 ...... 117, 141	1Cor 6,2 119
Rm 5,10 154	Rm 10,9-10 134	1Cor 6,9 26
Rm 5,12-17 165	Rm 10,9-13 179	1Cor 7,10-11 143
Rm 5,19 18	Rm 11,17-24 29	1Cor 7,19 159
Rm 5,6 148	Rm 12,1 166	1Cor 7,29-31 128
Rm 5,6-8 149	Rm 12,14 144	1Cor 8-10 23
Rm 5,8 18	Rm 12,17 144	1Cor 9,1 163
Rm 5,9 149	Rm 12,6-8 174	1Cor 9,14 143
Rm 5,9-10 134	Rm 13,14 146	1Cor 9,5 233
Rm 6,11 162	Rm 13,8-10 14	1Cor 10,4 98
Rm 6,17 146	Rm 14,10 177	1Cor 11,1 146
Rm 6,18 154	Rm 14,1-15,6 146	1Cor 11,2 145
Rm 6,23 162	Rm 14,13 144	1Cor 11,23 145
Rm 6,3 165	Rm 14,14 23	1Cor 11,23-25 143
Rm 6,4-8 153	Rm 14,17 26	1Cor 11,23-26 24
Rm 6,5 168	Rm 14,9 151	1Cor 12,13 134
Rm 6,8 152	Rm 15,1-5 146	1Cor 12,14-27 166
Rm 7,22-25 127	Rm 15,19 140	1Cor 12,2-11 174
Rm 8,10 164	Rm 15,25-29 138	1Cor 12,26 152
Rm 8,11 173	Rm 15,25-31 16	1Cor 12,3 174
Rm 8,1-17 127	Rm 15,26 73	1Cor 12,7 166
Rm 8,1-2 162	Rm 15,3 143	1Cor 12,8-11 166
Rm 8,14 170	Rm 15,31 139	1Cor 12-14 174
Rm 8,15 179	Rm 15,5 147	1Cor 13,2 144
Rm 8,15-16 129	Rm 15,8 146	1Cor 15,14 150
Rm 8,15-17 90	Rm 16 75	1Cor 15,17 150
Rm 8,16-17 153	Rm 16,8-13 163	1Cor 15,20 128
Rm 8,17 168		1Cor 15,20-22 151
Rm 8,2 154	**1Coríntios**	1Cor 15,22 162
Rm 8,22 152	1Cor 1,23 117	1Cor 15,22-23 178
Rm 8,23 173	1Cor 1,30 154	1Cor 15,23 128
Rm 8,24 134	1Cor 1,4 162	1Cor 15,24-28 180

1Cor 15,25.................. 70
1Cor 15,27.................195
1Cor 15,3...................126
1Cor 15,3-8...............142
1Cor 15,4................... 119
1Cor 15,42-49 173
1Cor 15,45................ 150
1Cor 15,49.................179
1Cor 15,50 26
1Cor 15,7 210
1Cor 16,1-4...............138
1Cor 16,22.................128

2Coríntios

2Cor 1,14 177
2Cor 1,19 90
2Cor 1,22 172
2Cor 3,12-18..............172
2Cor 3,16-17 171
2Cor 3,18....................171
2Cor 3,3.....................169
2Cor 3,6.....................170
2Cor 5,10 177
2Cor 5,14-15..............149
2Cor 5,14-21 149
2Cor 5,15 148
2Cor 5,18-19..............154
2Cor 5,18-20 150
2Cor 5,19 162
2Cor 5,21 148
2Cor 7,3 152
2Cor 7,9-10...............132
2Cor 8-9 16
2Cor 10,1...................143
2Cor 10-13.................138
2Cor 11,4................... 140
2Cor 11,7 140
2Cor 12,21.................132
2Cor 13,3-4 133
2Cor 13,5 164

Gálatas

Gl 1,19 143
Gl 1,23 142
Gl 1,4.........................149
Gl 1,6-7......................141
Gl 1,6-9......................138
Gl 2,10 16
Gl 2,12 210
Gl 2,14 159
Gl 2,15-16..................158
Gl 2,15-17 18
Gl 2,19 152
Gl 2,20 90
Gl 2,4........................154
Gl 2,9........................ 210
Gl 3,13 117
Gl 3,13-14 169
Gl 3,14 162
Gl 3,1-5,26 138
Gl 3,2.........................157
Gl 3,2-3......................134
Gl 3,27.......................165
Gl 4,4.........................143
Gl 4,6-7......................129
Gl 5,1.........................154
Gl 5,14 14
Gl 5,16-17 127
Gl 5,21 26
Gl 5,6.........................162

Efésios

Ef 1,14 172
Ef 1,20 70
Ef 1,7.........................134
Ef 2,13 149
Ef 2,5-6......................153
Ef 4,15-16..................167
Ef 4,22-24..................127
Ef 5,2........................149
Ef 5,25.......................149
Ef 6,1-9...................... 21

Filipenses

Fl 1,1 181
Fl 1,10 176
Fl 1,19........................ 108
Fl 1,6 176
Fl 1,8.........................143
Fl 2,16.......................176
Fl 2,25 166
Fl 2,5 146
Fl 2,6 91
Fl 2,6-11 151
Fl 3,10-11 168
Fl 3,20.......................176
Fl 3,20-21...................173
Fl 3,21........................179
Fl 3,8-9 156
Fl 4,14.......................152
Fl 4,19........................162

Colossenses

Cl 1,13 26
Cl 1,14 134
Cl 1,14-19 161
Cl 1,15-17 180
Cl 1,15-20 190
Cl 1,19 179
Cl 1,20 149
Cl 1,27.......................164
Cl 2,12.......................152
Cl 2,12-13 153
Cl 2,19.......................167
Cl 2,3-15..................... 161
Cl 2,6.........................147
Cl 2,9.........................91
Cl 3,1.........................152
Cl 3,10.......................167
Cl 3,5-10 127

1Tessalonicences

1Ts 1,10 128
1Ts 1,6.........................169

1Ts 2,19......................175
1Ts 3,13......................175
1Ts 4,13-18 128
1Ts 4,15 176
1Ts 4,17......................176
1Ts 5,13......................144
1Ts 5,15......................144
1Ts 5,18 162
1Ts 5,19-21 174
1Ts 5,2........................144
1Ts 5,4 144
1Ts 5,9-10...................149

2Tessalonicences
2Ts 1,7-8....................176
2Ts 2,13......................173
2Ts 2,15......................145
2Ts 2,2 177
2Ts 2,3-11...................176
2 Ts 3,6 145

1Timóteo
1Tm 1,15.....................183
1Tm 2,5-6 183
1Tm 3,1 183
1Tm 3,12.....................181
1Tm 3,16.....................183
1Tm 3,2 181
1Tm 3,8 181
1Tm 4,9 183
1Tm 6,13.....................183
1Tm 6,14-15................182
1Tm 6,3 184

2Timóteo
2Tm 1,9-10.................181
2Tm 2,11-12................153
2Tm 2,11-13................184
2Tm 2,8 184
2Tm 4,1 120
2Tm 4,8 182

Tito
Tt 1,2-3.......................182
Tt 1,3..........................182
Tt 1,4..........................182
Tt 1,7 181
Tt 2,10........................182
Tt 2,12-13...................182
Tt 2,13 182
Tt 3,4..........................182
Tt 3,5-8....................... 184
Tt 3,6..........................182

Filêmon
Fm 16 163

Hebreus
Hb 1,13...................... 70
Hb 1,1-3 190
Hb 1,3 70
Hb 1,4 194
Hb 1,5 115
Hb 1,5-6 194
Hb 1,7-12....................194
Hb 2,10-13.................195
Hb 2,14-15.................195
Hb 2,16......................195
Hb 2,17-18 196
Hb 2,5-9.....................194
Hb 2,6........................... 41
Hb 2,9 195
Hb 3,1 196
Hb 3,15......................196
Hb 3,5-6.....................196
Hb 3,7.........................196
Hb 4,14......................196
Hb 4,15......................197
Hb 4,7........................196
Hb 5,2-3.....................197
Hb 5,5 131
Hb 5,6........................197
Hb 5,8-10...................197
Hb 6,1-8.....................197

Hb 6,19-20.................198
Hb 7,11-28..................199
Hb 7,16......................199
Hb 7,17 199
Hb 7,2 198
Hb 7,21......................199
Hb 7,23......................199
Hb 7,27......................199
Hb 7,3........................199
Hb 7,4-10...................199
Hb 8.......................... 200
Hb 8,1 70
Hb 8,12..................... 200
Hb 8,13..................... 200
Hb 9,12 200
Hb 9,28 200
Hb 10,12 70
Hb 10,18 201
Hb 10,19-22 201
Hb 10,24-25 202
Hb 10,26-29 202
Hb 11,1......................203
Hb 11,23-29 203
Hb 11,39-40...............203
Hb 11,8-19 203
Hb 12,18-21 204
Hb 12,2......................203
Hb 12,22.....................198
Hb 12,22-24...............204
Hb 13,12.....................204
Hb 13,14 204
Hb 13,20-21 205
Hb 13,8.......................204

Tiago
Tg 1,1 209
Tg 1,12........................211
Tg 1,17 212
Tg 1,22.......................212
Tg 1,27 212
Tg 1,5 214
Tg 1,6 212

Tg 1,7 211
Tg 2,1 210
Tg 2,10.....................212
Tg 2,13.....................212
Tg 2,14.....................212
Tg 2,15-16.................213
Tg 2,1-7......................73
Tg 2,19.....................213
Tg 2,2-6.......................16
Tg 2,5 214
Tg 2,8 14
Tg 3,1 213
Tg 3,12.....................213
Tg 3,18.....................213
Tg 4,10.....................213
Tg 4,12.....................213
Tg 4,14.....................213
Tg 4,15.....................211
Tg 4,17.....................213
Tg 4,9 215
Tg 5,1 213
Tg 5,10.....................211
Tg 5,11.....................211
Tg 5,12.....................214
Tg 5,14-15.................211
Tg 5,2 213
Tg 5,20.....................214
Tg 5,4 211
Tg 5,5 213
Tg 5,7.......................213
Tg 5,8 211
Tg 5,9a 213
Tg 5,9b.....................213

1Pedro

1Pd 1,1.......................218
1Pd 1,10-12 223
1Pd 1,11 109
1Pd 1,13.....................219
1Pd 1,17.....................223
1Pd 1,18-20 219
1Pd 1,2 219

1Pd 1,22.....................222
1Pd 1,23.....................222
1Pd 1,25.....................221
1Pd 1,3.......................219
1Pd 1,3-9 219
1Pd 1,6 223
1Pd 1,8.......................222
1Pd 2,12b...................223
1Pd 2,13.....................221
1Pd 2,17 222
1Pd 2,19-20...............223
1Pd 2,19-23...............219
1Pd 2,21-25.................218
1Pd 2,3 221
1Pd 2,4-8 219
1Pd 2,7.......................222
1Pd 3,14.....................224
1Pd 3,15.....................221
1Pd 3,16.....................162
1Pd 3,17-18...............219
1Pd 3,21-22 220
1Pd 3,9 224
1Pd 4,1.......................219
1Pd 4,10.....................222
1Pd 4,10-11 221
1Pd 4,13-16 219
1Pd 4,14.....................224
1Pd 4,19.....................219
1Pd 4,7 224
1Pd 4,8 222
1Pd 5,1 225
1Pd 5,10.....................162
1Pd 5,14.....................162
1Pd 5,5b-6 223
1Pd 5,6 224
1Pd 5,7.......................224

2Pedro

2Pd 1,1 235
2Pd 1,11.....................235
2Pd 1,14.....................235
2Pd 1,16.....................235

2Pd 1,16-18................236
2Pd 1,2.......................235
2Pd 1,8 235
2Pd 2,1.......................235
2Pd 2,17-18 233
2Pd 2,4-10 233
2Pd 2,6.......................235
2Pd 3,10.....................235
2Pd 3,12 235
2Pd 3,1-3...................233
2Pd 3,15-16...............235
2Pd 3,18.....................235
2Pd 3,3-12 234

1João

1Jo 1,3.......................228
1Jo 1,7 227
1Jo 2,1.......................228
1Jo 2,10 230
1Jo 2,14 230
1Jo 2,18 226
1Jo 2,19 226
1Jo 2,22.....................226
1Jo 2,24.....................230
1Jo 2,27 134
1Jo 2,28.....................231
1Jo 2,3-4 227
1Jo 2,5.......................227
1Jo 2,6.......................230
1Jo 3,15 232
1Jo 3,16 227
1Jo 3,16-17 227
1Jo 3,2.......................228
1Jo 3,22.....................232
1Jo 3,23.....................228
1Jo 3,24.....................134
1Jo 3,3.......................232
1Jo 3,4.......................231
1Jo 3,5.......................227
1Jo 3,8.......................228
1Jo 4,1.......................231
1Jo 4,10 229

1Jo 4,11 232
1Jo 4,13 227
1Jo 4,1-3 227
1Jo 4,14-15 229
1Jo 4,16 230
1Jo 4,17...................... 232
1Jo 4,17-18 227
1Jo 4,2-3 227
1Jo 4,7-12 227
1Jo 4,9...................... 228
1Jo 5,1...................... 228
1Jo 5,11-12 230
1Jo 5,15 232
1Jo 5,20 228
1Jo 5,5...................... 229
1Jo 5,6...................... 227
1Jo 5,8...................... 227

2João
2Jo 3 228
2Jo 3,7 228
2Jo 3,9 228

Judas
Jd 1 233
Jd 4............................234
Jd 5-23.......................233
Jd 6-8........................233
Jd 7............................234
Jd 12-16.....................233
Jd 14 234
Jd 15 234
Jd 17 234
Jd 17-18 233
Jd 21 234
Jd 25 234

Apocalipse
Ap 1,1 238
Ap 1,12-18..................245
Ap 1,13 239
Ap 1,17-18 240

Ap 1,2....................... 239
Ap 1,20 244
Ap 1,4........................ 238
Ap 1,4-5..................... 239
Ap 1,5........................ 245
Ap 1,7 239
Ap 1,8........................ 239
Ap 1,9........................ 238
Ap 2,1........................ 244
Ap 2,10-11.................. 246
Ap 2,12 244
Ap 2,13 245
Ap 2,17...................... 246
Ap 2,18 242
Ap 2,7 245
Ap 2,8........................ 244
Ap 2,9........................ 245
Ap 3,1........................ 244
Ap 3,12 247
Ap 3,14 245
Ap 3,16-17 247
Ap 3,20-21 247
Ap 3,21 242
Ap 3,4-5..................... 246
Ap 3,7 245
Ap 3,8........................ 246
Ap 3,9........................ 246
Ap 4,8........................ 239
Ap 5,12 248
Ap 5,13 241
Ap 5,5........................ 242
Ap 5,8........................ 250
Ap 6,1........................ 248
Ap 6,10 241
Ap 6,1-17....................250
Ap 6,16 250
Ap 6,9........................ 238
Ap 7,10...................... 241
Ap 7,14 248
Ap 7,17 248
Ap 8,1........................250
Ap 11,15..................... 243

Ap 11,7 245
Ap 11,8 242
Ap 12........................ 243
Ap 12,10..................... 242
Ap 12,11..................... 248
Ap 12,17 239
Ap 12,5 242
Ap 13,8 250
Ap 14,1 248
Ap 15,3 249
Ap 15,4 241
Ap 16,5 241
Ap 17,14...................... 242
Ap 19,10.....................240
Ap 19,13...................... 243
Ap 19,16 242
Ap 19,7...................... 249
Ap 19,9 249
Ap 20,4 238
Ap 20,6 242
Ap 21,14...................... 249
Ap 21,2 243
Ap 21,22-23 249
Ap 21,27 249
Ap 21,6 241
Ap 21,9 243
Ap 22,1 242
Ap 22,13..................... 241
Ap 22,16 246
Ap 22,20 246
Ap 22,21 242
Ap 22,3...................... 242
Ap 22,7 243
Ap 22,8 238
Ap 22,8-9..................240

OUTROS TEXTOS ANTIGOS

Apocalipse de Abraão
Apocalipse de Abraão 17,2   240

Ascensão de Isaías
Ascensão de Isaías 8,4-5   240

Barnabé
Barnabé 19,5 14

Baruc
Baruc 3,9-4,2 93

2Baruc
2Baruc 13,8..116
2Baruc 44,4..116

Didaqué
Didaqué 1,2 14
Didaqué 2,7.. 14

1Henoc
1Henoc 12-16......................................119
1Henoc 63,8..116
1Henoc 90 250

2Henoc
2Henoc 22,8 119

Evangelho de Tomé
Evangelho de Tomé 25...................... 14

Inácio
Aos Efésios 7 226
Aos Esmirnenses 1-3...................... 227
Aos Esmirnenses 7.1-8.2.................. 100
Aos Tralianos 9-10.......................... 227

Jubileus
Jubileus 4,17-24................................. 119
Jubileus 5,16...116
Jubileus 21,4...116
Jubileus 30,16.......................................116
Jubileus 33,18.......................................116

Fílon
Interpretação alegórica 1.61............ 191
Interpretação alegórica 3.95-97.... 191
Sobre os sonhos 1.65-66.................. 192
Sobre os sonhos 2.45....................... 191
Sobre a embriaguez 32-33.............. 191
Sobre a confusão das línguas 102... 191
Sobre a criação do mundo 139....... 191
Sobre a criação do mundo 146...... 190
Sobre a criação do mundo 24........ 191
A migração de Abraão 6................. 190
Sobre os sacrifícios de
Caim e Abel 60 191
Sobre os sacrifícios de
Caim e Abel 8....................................190
As leis especiais 1.8 190
Perguntas e respostas
sobre o Êxodo 2.122...........................191
Perguntas e respostas sobre o
Gênesis 1.4..191
A imutabilidade de Deus 57............ 190
O pior ataca o melhor 77................. 191
O herdeiro das coisas divinas 294.. 191
O herdeiro das coisas divinas 38... 191

Salmos de Salomão
Salmos de Salomão 2,18................. 116

Pseudo-Fílon
Pseudo-Fílon 20,4..............................116

11QMelch

11QMelch 13-14.................................119

Eclesiástico

Eclesiástico 15,3 94
Eclesiástico 24,1 93
Eclesiástico 24,23 93
Eclesiástico 35,12-13........................ 116
Eclesiástico 43,27............................ 193
Eclesiástico 51,25-26........................ 56

Testamento de Abraão (A)

Testamento de Abraão (A) 13,3-10.. 119

Testamento de Abraão (B)

Testamento de Abraão (B) 10....... 119
Testamento de   Abraão (B) 11,2... 119

Sabedoria de Salomão

Sabedoria de Salomão 7,26....... 190
Sabedoria de Salomão 9,1-6...... 192
Sabedoria de Salomão 9,17-18....... 94

Conecte-se conosco:

f facebook.com/editoravozes

⃝ @editoravozes

X @editora_vozes

▶ youtube.com/editoravozes

☎ +55 24 2233-9033

www.vozes.com.br

Conheça nossas lojas:

www.livrariavozes.com.br

Belo Horizonte – Brasília – Campinas – Cuiabá – Curitiba
Fortaleza – Juiz de Fora – Petrópolis – Recife – São Paulo

EDITORA VOZES LTDA.
Rua Frei Luís, 100 – Centro – Cep 25689-900 – Petrópolis, RJ
Tel.: (24) 2233-9000 – E-mail: vendas@vozes.com.br